KB261349

그래, 삶은 기적이야

박명철의
위로 에세이

그래, 삶은 기적이야

박명철 지음

홍성사

차례

고단한 인생길 걸어가는 벗들에게

슬픔, 간절함, 그리고 신비로움.
이 셋은 모두 그분께로 향하는 돌다리 같았다. 나는 이 돌다리를
건너서 어제보다 오늘, 조금 더 좋은 예배자로 하나님 앞에 설
수 있었지 싶다. 내 인생은 그렇게 한 걸음씩 앞으로 나아왔다.
내가 걸어온 길을 글에 담아 두는 까닭은 나처럼 먼 길을
가는 벗들에게 이야기하고 싶어서다. 나직한 목소리로 인생
여정에서 만난 세 개의 돌다리에 대해 들려주고 싶다.

나는 참 못난 사람이다.
그렇게 태어난 것인지 그렇게밖에 살지 못한 것인지 알 수
없으나, 나는 참 게으르고 의지박약인 데다 겁도 많으며
멀리 내다보느라 오늘의 시간을 잘 준비하지 못하는 사람이다.
이런 모습만 보자면 나는 한마디로 보잘것없는 사람이다.
돌아보면 나는 많은 벗들에게 실망을 안겨 주고 아픔을
주었다. 그럼에도 하나님께서 이런 인생조차 '그래도 귀한
인생이다'라고 위로해 주시기에 비로소 버텨 낼 수 있었다.
때로는 하나님의 위로조차 '이건 나를 나약하게 만드는 값싼
동정이야' 하고 외면하기도 했다.
유난히 푸르고 높은 하늘을 바라보거나 즐거움에 가득 찬
목소리로 뜨겁게 노래할 때, 나는 문득 내 얼굴에 드리워지는
그늘을 감지한다. 저렇게 맑은 하늘을 쳐다볼 자격이 나에게
과연 있는지, 내가 이렇게 기쁨의 낮으로 노래해도 되는지,
아프게 추궁하는 내 속의 손가락질을 느끼기 때문이다.
한때는 먼 하늘을 바라보며 멍하니 앉아 있어도 눈물이 흘렀다.
때로는 억울하여 분노했고, 밀려드는 후회 때문에 통곡했다.
그렇게 한차례 크고 강한 바람이 나의 내면을 휩쓸고 지나간
뒤면 비로소 평화로운 아침처럼 그분의 미소가 스며들었다.

홀로 남은 숱한 시간에 나는 어두운 방에서 책을 읽고 영화를
보고 글을 썼다. 햇살 한 줌에서도 잘못 살아온 세월의 흔적이

드러났다. 그분의 꾸지람인 양 느껴져 옷깃을 여몄다. 어떤 이에게는
한낱 술자리에서 부르는 노래 가사에 불과한 글귀도 나에게는
가슴을 지지고 무릎을 치는 고문처럼 느껴졌다. 또 어떤 이에게는
무심코 지나쳐 버릴 드라마나 영화의 한 장면이 내게는 심연의
고통을 흔들어 깨우고, 이전에는 한 번도 깨닫지 못한 생각들을
불쑥불쑥 던져 주었다.
그럴 때마다 나는 그분의 개입을 맞아들여야 했다. 조각칼로 한 자
한 자 글자를 새기고 심듯 내 안에서 웅웅대던 모든 소리를 또박또박
기록했다. 뜨거운 눈물이 흘렀고 창으로는 아침처럼 햇살이 밝았다.
내게 다가온 그분에 대한 묵상은 결국 그분이 이 땅에, 이 역사에, 살고
사라진 수많은 사람 속에 계셔야 할 절박한 이유들이었다. 그렇게 보낸
나의 시간들은 하나같이 그분께로 향하는 달음박질이고, 함성이고,
북소리였다.

그러다 깨달았다.
일곱 번씩 일흔 번을 용서해 주겠다 하신 그분이 아니고서는 내게 어떤
구원도, 어떤 희망도 없다는 사실을…. 그러므로 내게 유일한 빛이요
길은 당신의 아들을 죽음으로 내몰아 인류를 구원하신 그분뿐이었다.
병자를 찾아오신 의원, 패륜을 범한 탕자를 사랑으로 맞아 주신
아버지, 보잘것없는 이방인을 향해 광야를 가로질러 오신 선지자,
그분만이 나의 빛이라는 데 한 점 의심이 없었다. 그러니 내가 걸어온
수많은 날의 기록은 그분을 향해 달려온 내 순례 길의 궤적인 셈이다.
나는 여전히 고단하고 힘든 시간을 살고 있으며 또 살아갈 것이지만,
그것은 오히려 내 삶의 방향이 어긋나지 않았다는 확신을 심어 줄
증거일 것이다.

2016년 5월

박명희

슬픔이라는
거울

슬픔 하나,

아! 아버지

모른다, 우리는 모른다

중화권 사회문화비평가 룽잉타이는 아버지의 죽음을 겪은 후 대부분의 사회적 이슈들이 단지 사소한 곁가지에 지나지 않았다고 고백했다. 그만큼 그에게 아버지의 죽음은 힘든 시련이었고, 첫 인생 수업과 같은 것이었다.

룽잉타이는 아버지의 장례를 마친 뒤 컴퓨터 앞에 앉았다. 아버지를 찾아 떠나는 그녀의 여행은 그렇게 시작되었다.

"아버지는 1918년 겨울에 태어났다."

첫 문장을 쓰고 나서 그녀는 비로소 아버지에 대해 '모른다'는 고백을 하기 시작한다.

"우리는 모른다. 후난 산골짜기의 가난한 농가에서 태어난 아이가 어떻게 살아남았는지. 산골짜기의 겨울은 유난히 추웠고 폭설도 자주 내렸다. 낡은 집은 몰아치는 눈보라를 제

대로 막아 주지 못했을 텐데. 우리는 모른다. 일곱 살의 아버지가 어떻게 학교를 다녔는지. 학교에서 집까지 두 시간은 족히 걸리는 산길을 혼자 걸으면서 무섭지는 않았을까? 집에 도착하기도 전에 캄캄해졌을 텐데. 우리는 모른다. 아직 어린 티도 벗어나지 못한 열여섯의 아버지가 어떻게 당신의 엄마와 이별했는지. … 물론 우리는 알지 못한다. 아버지가 엄마와 함께 네 아이를 키워 내기까지 얼마나 아픔과 고통을 감내해야 했는지, 아이들의 학비를 마련하기 위해 기어들어 가는 목소리로 이웃에게 돈을 꾸러 다닐 때, 얼마나 마음을 다잡고 다잡아야만 했을까? 한 번쯤은 모든 것을 포기하고 싶지 않았을까?"[1]

그러고 보니 아버지에 대한 딸의 회상은 '모른다'로 시작해 '모른다'로 끝나는 글이 되어 버렸다. 정말이지 아버지가 살아온 세월의 속살을 그녀는 알 수가 없었다. 그녀가 알고 있는 것이란 그저 약력처럼 겉으로 드러나는 것들, 곧 남들도 익히 아는 것들뿐이었다. 그렇게 '모른다'는 사실을 인지하고 절망하는 순간 아버지의 눈물이 보였던 모양이다.

돌아보니 아버지는 딸이 어렸을 때 희미한 등불을 켜고 〈진정표陳情表〉[2]를 외우게 했다. 딸은 그 글을 읽으면서 인간에

대한 사랑을 몸에 익혔다는 사실을 깨달았다. 또 〈출사표
出師表〉[3]를 외우게 하였는데, 그 글을 읽으면서는 자신이 살
아가는 사회에 대한 책임을 깨달았다. 그녀가 〈출사표〉를
외울 때면 아버지는 '늙은 할머니를 봉양할 이가 없다'는
대목에서 어김없이 눈물을 흘렸다는 사실을 기억한다. 그
렇다. 아버지는 고단한 현대사를 살아오면서 슬픈 이별을
해야 했던 자신의 어머니를 평생 마음에 두고 사셨던 게다.

그래서일까. 아버지는 딸을 비와 바람으로부터 보호하기
위해 기꺼이 우산이 되어 주었다. 거센 폭풍우 몰아칠 때면
힘에 부친 나머지 우산을 받쳐 든 손이 가늘게 떨리기도 했
는데, 딸은 고통을 무릅쓰고 우산으로 살아 주신 아버지의
아늑한 보호 아래 무럭무럭 자랐던 게다. 딸은 아버지의 눈
물 뒤에 감춰진 고단한 세월에 대해 아무것도 알 수 없었지
만, 아버지는 딸에게 아늑한 우산이 되어 주었다.

아! 아버지.

아버지, 고맙습니다!

룽잉타이의 아버지는 영화 〈국제시장〉[4]에서 '덕수'라는 이름으로 살아온 우리네 아버지의 모습을 닮았다.

덕수 또는 우리네 아버지들은 전쟁을 겪으며 누군가와 분리되어야만 하는 뼈아픈 이별을 겪은 분들이다. 눈보라 휘날리는 바람 찬 흥남부두를 떠날 때, 덕수는 아버지와 동생을 남겨 둔 채 피난 배에 올랐다. 아버지 대신 어머니와 동생들을 보살펴야 한다는 책임감으로 어린 덕수의 내면은 더욱 강인해졌다. 부산 국제시장의 고모 집에서 더부살이를 시작하던 날부터 덕수는 아버지를 대신해 어머니를 지키고 동생들을 키우느라 제 몸을 던지면서 자신의 인생을 희생했다.

역사의 온갖 질곡을 넘나든 파란만장한 시간들이 그렇게 이어졌다. 이국땅에서 이주 노동자로 살아가며 죽음의 위기에 맞닥뜨리기도 했고, 전쟁터를 떠돌며 장사하느라 장애를 얻기도 했다. 그런 세월을 살아온 덕수는 아버지, 그리고 아버지의 아버지가 겪은 험악한 세월을 눈에 넣어도 아프지 않을 자신의 자식들에게만큼은 결코 물려주고 싶지 않았다.

그러나 정작 오라비와 아버지의 눈물을 먹고 살아온 동생들과 자녀들은 아버지의 지난 세월을 헤아리지 못했다. 인생의 황혼기에 접어든 늙은 덕수는 이제 자신보다 더 젊은 모습의 사진 속 아버지를 향해 말한다.

"아부지, 이만하면 저 잘 살았지예?"

덕수의 주름진 눈가에 맺힌 눈물을 보며 내 눈가에도 눈물이 고였다. 그의 눈물과 나의 눈물은 외롭고 고단한 시간을 달려온 우리 아버지들을 향한 '오마주'인 셈이었다. 42.195킬로미터를 완주한 마라톤 선수를 향해 보내는 경의와 존경과 애정의 메시지 같은 것이다.

늙은 덕수를 보며 나도 돌아가신 내 아버지를 추억했다. 질곡의 현대사를 살아온 이 땅의 수많은 아버지들을 떠올렸다. 당신들이 살아온 험악한 세월을 새끼들에게만큼은 물려주지 않겠다며 뼈를 깎는 듯한 고통을 묵묵히 인내해오신 분들…. 그분들을 향해 마음의 인사를 건넨다.

"애쓰셨습니다, 아버지. 고맙습니다."

헐렁하고 퀴퀴한 아버지의 구두

제법 나이를 먹어 천지 분간을 하게 되었을 무렵, 외출
후 집에 돌아오면 언제나 아버지의 낡고 깊은 구두가 현관
에 놓여 있었다. 아버지는 공사 현장에서 막노동에 다름없
는 일을 마친 뒤 고단한 작업화를 벗고 외출용 구두로 갈아
신었을 것이다. 그럼에도 아버지의 구두에는 그 고단한 시
간들이 땀 냄새와 함께 켜켜이 쌓여 있었다.

가끔은 아버지의 구두에 내 발을 넣어 본 것 같다. 내 발
보다 넓고 길어서 헐렁했던 느낌을 여전히 기억하고 있는
걸 보면…. 그리고 그때마다 아버지의 구두에서 배어나는
땀 냄새와 가죽 냄새가 알 수 없는 슬픔으로 훅 엄습해 왔
던 기억이 난다.

박목월의 시 〈가정〉에 형상화된 아버지의 모습은 나의
기억 속 아버지 모습과 겹쳐진다. "굴욕과 굶주림과 추운

길을 걸어” 자식들에게로 오신 아버지는 당신을 늘 “어설
픈” 존재로 생각하셨고, 굴욕과 굶주림과 추운 길에서조차
감사하며 당신의 강아지들이 아랫목에 발 담그고 누운 모
습을 빙그레 바라보셨다.

아버지가 돌아가신 뒤, 결혼하여 자녀를 낳고 키우면서
뒤늦게야 아버지의 시간들을 떠올렸다. 나는 가슴이 미어
지는 슬픔과 치받치는 눈물을 주체할 수 없었다. 여덟 살,
그 어린 나이에 아버지는 할아버지와 할머니를 따라 피난
을 가던 중 폭격을 당했다. 추운 겨울, 논밭과 산이 바라보
이는 낯선 곳에서 당신의 아버지가 산화散花하는 모습을 눈
앞에서 지켜보았을 내 아버지를 생각하면 더욱 마음이 찢
어졌다. 아버지는 그 후 얼마 지나지 않아 병을 앓다 끝내
남편 곁으로 떠난 어머니의 임종까지 지켜보아야 했다. 무
서운 전쟁이 그 어린 아버지의 시간들을 관통해 잔인하게
흘러갔다. 하루아침에 고아가 되어 버린 어린 아버지는 동
생과 함께 고아원에서 자랐다. 그런 세월을 보낸 아버지는
어른이 되어 본인의 자식을 낳은 후에도 어렸을 때 떠나보
낸 엄마를 그리워하셨다.

나는 아버지를 떠나보내고 난 뒤, 마흔이 넘은 어느 날
아버지가 흥얼거리며 부르던 노래를 문득 기억해 냈다. 〈아
주까리 등불〉[5]이라는 노래다. “피리를 불어 주마 울지 마라

아가야”라고 시작되는 이 노래는 “산 너머 아주까리 등불을 따라 저 멀리 떠나가신 어머님이 그리워”라는 노랫말로 이어졌다.

이 한 곡을 오래오래 곱씹어 들으면서 나는 비로소 아버지가 살아온 세월을 어렴풋이 느꼈다. 그 어린 아버지가 얼마나 엄마를 그리워했을지, 배고파하는 동생을 고아원에 남겨 두고 홀로 도망 나온 뒤 다시 찾아가지 못한 죄책감은 또 얼마나 무거웠을지, 온 나라를 눈물바다로 만든 이산가족 찾기 방송에서 어릴 때 헤어진 동생을 만나자마자 그저 말도 못하고 닭똥 같은 눈물만 뚝뚝 흘리던 아버지의 그 눈물이 실은 당신이 살아온 모든 세월의 무게였음을, 나는 조금씩 알아 가기 시작했다.

그리고 어느 날 내 발만큼 커진 아들의 운동화에 발을 넣어 본 뒤에야, 어릴 적 아버지의 헐렁한 구두를 신었을 때 사무치게 다가온 그 느낌의 정체가 무엇인지 희미하게 알 듯했다. 아버지는 그 헐렁한 공간만큼 더 오랜 세월을 건너며 당신의 자식들이 비 맞지 않도록 가냘픈 손으로 우산이 되어 주신 것이었다. 아버지가 돌아가신 뒤에야 나는 비로소 그분의 빈자리를 발견했고, 그 느낌의 진실을 또렷이 깨달았다.

닳아 뭉그러진 이름

한승오 씨는 《삼킨 꿈》[6]이라는 수필집에서 '호미 도둑' 이야기를 했다. 어느 날 도둑이 들어 새 호미를 훔쳐 갔는데, 그 자리에 오랜 세월 동안 사용해서 닳아빠진 호미 한 자루를 걸어 놓았단다. 원래 호미 날은 세모인데, 그가 걸어 둔 호미는 날이 어찌나 닳았던지 세모가 둥그렇게 변한 데다 아기 주먹만 한 크기였단다. 그 모양이 마치 "손가락이 뭉그러진 문둥이의 손" 같았다고 한다.

그는 생각했다. '호미 날이 이렇게까지 닳아지려면 얼마나 오랫동안 호미를 사용해야 할까.' 도무지 계산할 수 없었다고 한다.

도둑이 남긴 그 호미처럼, 세월과 땀과 눈물과 고민이 묻은 물건들은 그저 생명 없는 단순한 사물이 아니라, 마치 영물靈物 같아서 한 사람의 손발과 분리할 수 없는 생명체와 다름없이 느껴진다. 오래 쓰면 닳거나 낡게 마련이지만, 닳고 낡은 것은 오히려 오랜 시간 내 몸과 함께 지낸 탓에 내 몸의 일부와 같다. 호미 도둑이 남긴, 낡아서 뭉그러진 그 동그란 호미는 그런 물건이었다.

아버지가 살아온 세월을 떠올리면서 나는 그렇게 닳아 뭉그러진 호미를 생각했다. 세상의 아버지들이란 그렇게 묵묵히 닳아 뭉그러지는 것이리라. 세월과 땀과 눈물과 고민으로 얼룩지는 것이리라. 아버지의 아버지, 아버지, 아버지의 아들, 아버지의 아들의 아들이 살아갈 세월도 그러할 테다. 아버지들의 가슴에 남은 그 얼룩에서 우리는 비로소 하늘 아버지의 이름을 떠올릴 수도 있을 테고.

수많은 자녀가 수많은 세월 동안 그렇게 부르고 불러서 다 닳아 뭉그러진 그 이름, 아버지….

　화가 이중섭. 마흔이라는 푸른 나이에 서둘러 풀썩 쓰러
진 그는 아버지의 마음이 곧 기다림과 그리움이라고 내게
일러 준 사람이다.

　이중섭은 일본 유학 시절 후배인 일본 여성 마사코를 만
나 사랑했다. 공부를 마친 그가 일본을 떠나 고향에 돌아가
자 마사코는 자신이 사랑하는 남자의 나라로 건너와 이남
덕이라 이름 짓고 결혼해 두 아들을 낳았다. 이중섭은 그런
아내와 아이들을 분신처럼 사랑했다. 아버지로서의 그의
사랑은 곧 삶의 목적이 되었다.

　6·25가 터지자 이중섭은 가족을 데리고 제주도로 건너
갔다. 전쟁 중이었으나 네 가족은 함께 있어 행복했다. 난리
의 나라에서 살아가는 아비였으므로 이중섭은 가족을 남겨
두고 '종군화가단'에 배속되어 전쟁터로 떠나야 했다. 이국

땅에서 남편 없이 홀로 아이들을 키울 수 없었던 이남덕은 어쩔 수 없이 두 아들을 데리고 일본으로 떠났다.

아내와 아들을 사랑하는 일이 인생의 목적이 된 아버지 이중섭은 난데없는 생이별로 내내 그리워하며 애타는 기다림의 세월을 살았다. 이별 후 이중섭이 세상을 떠날 때까지 간직한 마음은 아내와 아들을 향한 그리움, 그리고 다시 만나 함께 살기를 갈망하는 기다림이 전부였다. 때로는 그 마음이 희망이 되었지만, 때로는 그 마음으로 말미암아 절망의 낭떠러지로 곤두박질치곤 했다.

이중섭의 작품들은 대부분 이 시간에 태어났다. 그것은 곧 절절한 그리움이 응고된 슬픔의 결정체인 셈이었다. 그는 그림 값을 모아 빚을 갚고 일본에 있는 가족에게로 달려가기로 결심했다. 하루라도 빨리 돈을 마련해야 했으므로 아버지 이중섭의 모든 시간은 작품 활동에 집중되었다. 아버지의 그리움과 기다림은 엄청난 작품을 태어나게 하는 토양이 되었다. 세상의 어떤 명작이 그리움과 기다림이라는 간절함 없이 태어날 수 있었을까.

이중섭도 그리 알았던지 "자기가 가장 사랑하는 소중한 아내를 진심으로 모든 걸 바쳐 사랑할 수 없는 사람은 결코 훌륭한 일을 할 수 없소. … 예술은 무한한 애정의 표현이오. 참된 애정의 표현이오. 마음의 거울이 맑아야 비로소 우주의 모든 것이 올바르게 마음에 비치는 것 아니겠소?"[7]라고 했다.

그러나 그리움과 기다림이 절망이 되는 순간, 아버지이자 남편인 이중섭은 마음과 몸이 한꺼번에 무너졌다. 그리움과 기다림을 희망 삼아 지탱해 온 삶이었으므로 희망이 툭 부러지면 삶은 와르르 무너지고 만다. '더 이상 아내와 아들을 만날 수 없다….' 그 사실을 인지하는 순간 절망감은 분노가 되고 슬픔이 되어 마음의 집인 몸을 병들게 했다. 아버지는 무너졌다.

이중섭이 그리움과 기다림에 사무쳐 세상을 떠나던 시각, 그의 곁에는 아무도 없었다. 그의 시신은 사흘이 지나서야 발견되었다.

위대한 작품 〈황소〉를 본다. 몸이란 몸은 온통 새하얗게 타버렸으나, 비로소 부활하듯 떨치고 일어난 황소는 굳세고도 슬픈 모습이다. 어쩌면 남편이고 아버지였던 한 사내의 오랜 기다림과 그리움이 응고되어 화석으로 남아 영생하는 듯하다.

이해할 수 없어도 사랑하는…

　둘째 아들 폴이 먼저 하나님께로 훌쩍 떠나던 날 아버지
는 입을 닫았다. 경건하고 청빈한 목사인 아버지는 그렇게
금언을 함으로써 아들과의 이별을 묵묵히 견뎌 내었다. 마
치 아들 면(葂)을 잃은 뒤 부하들이 보지 않는 골방에 들어가
홀로 울던, 어느 소설 속의 충무공이 떠올랐다.
　폴은 정의롭고 인정 많았으나 충동적이고 거칠었다. 폴
을 보면서 아버지는 늘 조마조마했지만 개입할 수 없어 다
만 지켜볼 뿐이었다.
　세월이 '흐르는 강물'처럼 멀어졌을 때 아버지는 이제 폴
을 보냈을 때의 슬픔을 기억하며 설교했다.

　　"누구나 인생에서 한번쯤은 사랑하는 사람이 분명히 도움이
　필요하다는 것을 알면서도 무엇을 어떻게 도와야 할지 몰라

안타까워하며 기도해 보신 적이 있을 겁니다. '주여, 제가 기꺼이 돕고 싶은데 대체 무엇을 도와야 할지 알 수가 없습니다. 제게 그것을 가르쳐 주십시오'라고 말예요. 우리는 가장 가까운 사람들이 위기에 빠졌을 때조차 아무것도 도울 수 없다는 현실 앞에서 다만 가슴 아파합니다. 우리가 인정해야 하는 것은, 내가 줄 수 있는 것이 무엇인지도 모르거니와 그것을 알고 준다 한들 그 사람이 진정 그것을 원하는지도 모른다는 사실입니다. 그렇습니다. 우리의 손을 미끄러져 가는 그들, 바로 그들이 우리가 함께 살아가는 가족들입니다. 우리는 그들의 마음을 잘 알고 있는 양 착각하지만 실제로는 그렇지 않습니다. 그렇다고 하여 우리가 그들을 사랑할 수 없는 건 아닙니다. 우리는 누군가를 완전히 이해할 수는 없더라도 그들을 온전히 사랑할 수는 있습니다."

〈흐르는 강물처럼〉[8]은 가족 간의 '거리'에 대해 주목하게 하는 영화다. 모든 것을 다 안다고 착각하며 살아가는 가족의 거리란 게 알고 보면 멀고도 가깝다는 이야기다.

두 아들의 아버지는 몸으로 낚시하는 법을 익혀 온 것처럼, 가족의 거리도 텍스트가 아닌 '삶'으로써 배워 갔다. 아버지는 당신의 목숨을 내줄 만큼 귀한 아들과의 사이에 끝내 다가설 수 없는, 그 '외로운' 거리가 있음을 깨닫고는 슬퍼한다. 그러나 아버지는 또 그 거리를 초월하는 힘이 사랑의 본질이란 사실도 깨달았다. 완전히 이해할 수 없어도 온전히 사랑할 수 있다고 고백하는 늙은 아버지의 설교는 깊은 울림을 준다.

아버지의 사랑이 위대한 까닭은 그 사랑이 '이해'에 근거한 것이 아니기 때문이다. 사람이 사람을, 심지어 아비가 자식에 대해서조차 완전하게 이해할 수 있다는 생각은 오만이다. 모든 인생은 누구도 이해할 수 없는 신비를 간직하고 있다. 이 또한 인생이 품은 가치다. 아비조차 개입할 수 없는 그 거리를 깨닫는 순간, 우리는 비로소 누군가를 온전히 사랑하는 법을 알게 된다. 오래, 묵묵히, 안타까운 시선으로 바라보아야 한다는 사실을….

온전한 사랑이란 그런 사랑이다. 일곱 번씩 일흔 번을 용서하고도 못다한 하늘 아버지의 사랑은 아들을 이해해서가 아니라, 단지 아들이어서 그렇다. 끝내 포기할 수 없음을 알기에 묵묵히 그리고 끝까지 지켜보시는 것이다. 그러니 이해할 수도 없는 아들을 그저 묵묵히 사랑의 눈길로 지켜보며, 아버지는 홀로 안타깝고 애타는 마음에 잠 못 이루는 밤을 보내신 것이다.

제 몫의 재산을 받아 서둘러 집을 떠나 버린 탕자의 아비를 또 생각한다. 이해할 수도, 간섭할 수도 없는 아들이 그렇게 집을 떠난 버린 후, 아비는 날이면 날마다 집 밖에 나와 아들이 다시 돌아오기만을 기다린다. 그리움과 기다림에 사무친 아비의 마음은 언젠가부터 이중섭의 그림 속 황소처럼 하얗게 타버렸을지 모른다. 성경은 그 아비의 마음에 하늘 아버지의 마음을 담아 두고자 했으리라. 세상 모든 아버지들의 그리움과 기다림도 아마 거기서부터 비롯되었으리라.

슬픔 둘

,

사랑 없이 진실 없다

한 사람의 진심을 알고 싶을 때, 그의 진실이 궁금해질 때,
그가 내게 보여 준 사랑의 기억만을 유일한 증거로 삼으라.
사랑만이 진심이고 진실이기 때문이다.

패자들의 진실을 위하여

수많은 왕들의 죽음 뒤에는 독살설이 무성했다. 승자의 역사는 독살되었을지 모를 패자들의 진실에 대해 함구해 버렸다. 끝내 봉인이 열리지 않을 것 같은 진실이 어느 날 문득 입을 열고 나와 만천하를 놀라게 할 때도 있지만, 대부분의 진실은 여전히 풀리지 않은 채 어둡고 억눌린 저 밑바닥 어딘가에서 침묵하고 있을 것이다.

과연 역사의 진실들은 언제쯤 침묵에서 깨어나 반짝일 수 있을까? 언제쯤이면 진실이 해방되어 오만하게 역사를 덮어 온 악을 고발하게 될까? 그날이 과연 우리에게 오기는 하는 걸까?

베르나르 베르베르는 "과연 누가 피해자들의 위대함을 이야기해 줄 수 있을까? 아마 신들은 알고 있을 것이다"[1] 라고 쓴다.

　역사는 온통 '진실의 무덤' 같다는 섬뜩한 기운을 느낀 뒤로, 나는 감히 신은 있다거나 신이 죽었다고 말하기보다 오히려 '신은 있어야 한다'고 생각했다. 그래야 수억 년을 두고 쌓아 온 모든 억울한 진실이 고개를 쳐들고 살아날 희망이 생겨난다.

　진실은 드러나야 한다. 나는 그것이 우주의 법칙이라고 굳게 믿는다.

누군가는 들어야 할 '소리 없는 아우성'

한때 한시적으로 존재했다가 사라진 국가의 특별위원회 중 '대통령 소속 군 의문사 진상 규명 위원회'라는 기구가 있다. 2006년에 만들어져 2008년 초까지 활동한 이 기구는 우리 현대사의 우울한 그늘 가운데 군에서 발생한 수많은 의문사疑問死 사건들에 대해 진상을 규명한 뒤, 억울한 죽음이 있을 경우 망자와 유족을 위로하고 보상하는 사명을 수행했다. 위원회는 이를 통해 신뢰받는 국민의 군대가 되고자 했다.

당시 이해동 목사가 위원장으로 일하고 있었는데, 나는 그분의 회고록 집필을 도우면서 이 위원회가 처리한 가슴 아픈 사연들을 접했다. 위원회에 접수된 사건만 600건에 달했고, 대부분의 사연이 저마다 구구절절했다. 그중 위원들의 기억에 오래 남은 사건이 하나 있다.

‘애인의 변심에 의한 자살’로 결론이 내려진 뒤 그저 조용히 묻혀 버릴 수 있었던 사건이다. 자초지종은 이렇다. 사망자의 가족들은 어느 날 갑자기 시체로 돌아온 아들의 ‘사인死因’을 받아든 채 슬퍼한다. 하지만 슬픔을 이기는 것보다 고통스러운 건 도무지 이해할 수 없는 그의 사인을 받아들이는 일이었다. 국방부가 가족들에게 보낸 그의 사인을 받아들고 누구보다 커다란 충격을 받은 사람은, 고인을 자살에 이르게 한 원인 제공자로 낙인 찍혀 버린 사망자의 ‘애인’이었다. 한순간의 변심으로 남자를 자살에 이르게 했다는 힐난을 받게 된 ‘애인’은 마른하늘에 날벼락을 맞은 셈이었다. 무엇보다 그녀는 변심한 적이 없었으므로 더욱 억울하기만 했다.

그녀는 군통수권자인 대통령에게 편지도 쓰고, 군에 찾아가 재조사를 요구하기도 했으나 돌아오는 대답은 늘 ‘불가不可’였다. 그러는 사이 그녀는 ‘애인을 죽인 년’으로 낙인 찍혀 더 이상 다른 남자와도 결혼할 수 없는 나쁜 여자가 되어 있었다. 주홍글씨처럼 가혹한 낙인이었다. 결혼을 할 수 없다는 것보다 절망적인 것은 속에 맺힌 억울함을 풀어낼 길이 없는 현실이었다. 그녀는 결국 화병을 얻었다.

군 의문사 진상 규명 위원회가 생긴 뒤 비로소 모든 진상이 드러났을 때는 이미 오랜 세월이 흐른 뒤였고, 그녀는 오래 앓아 온 화병으로 결국 위암 4기의 죽음을 앞둔 환자가 되어 있었다. 세포가 암 덩어리로 바뀌지 않고는 견딜 수 없는 세월이었던 게다.

이해동 목사는 이 기구의 위원장을 맡으면서 망자와 유족들의 한을 풀어 주는 일이야말로 하나님의 마음을 풀어 드리는 일이라고 여겼다.

"군에 간 생때같은 자식이 어느 날 갑자기 시신으로 부모 형제 앞에 나타났을 때 그들의 심정이 어떠하였을지 당해 보지 않은 사람은 모를 일이다. 게다가 그 죽음의 진실조차 규명되지 않은 채 납득할 수 없는 이유로 파묻어 버렸다면 사라진 사람은 물론이거니와 살아 있는 사람들의 가슴은 또 얼마나 원통할까. 그렇게 억울한 이들의 말을 들어주고, 그 한을 풀어 주는 일이야말로 하느님이 당신의 종을 통하여 하시고자 한 일이 아닌가. 그러기에 하느님은 목사인 나를 이 일을 위해 불러 주셨다고 믿었다. 그래서 이 일을 목회하는 심정으로 하고자 했다."[2]

참 아름다운 말이다. 이해동 목사는 다른 누구도 아닌, 인생을 만드신 하나님께서 이 땅의 그 한 많은 곡소리를 듣고 계시다는 사실에 안도했고, 억울하게 갇힌 진실들이 어떻게든 해방되어야 한다는 마음을 가진 분이란 데 감사했다.

수많은 세월 동안 그렇게도 많은 사람들 사이에서, 꽁꽁 숨어 버린 진실 때문에 억울하고 화병 든 사람들이 어디 한 둘일까? 그저 가슴에만 묻어 둔 한恨이 누구에겐들 없을까? 그러니 하나님은 계셔야 한다. 사람으로서는 억울해도 풀 수 없고, 가까이 닿을 수도 없는 게 진실의 꽁무니라 하더라도 누군가는, 아니 인간을 지은 창조주만은 꼭 그 소리 없는 아우성을 들어주어야 하기 때문이다. 진실이란 진실은 깡그리 은폐되고 망각되어 끝내 흔적도 없이 사라져 버린다면, 그런 세상이야말로 생지옥일 테니까.

신을 꿈꾸는 악마의 '판단'

피노키오는 거짓말을 하면 코가 길어지는 동화 속 인형이다. 드라마 〈피노키오〉[3]에서는 거짓말을 하면 코가 길어지는 피노키오 대신 자신도 모르게 딸꾹질을 하는 '피노키오증후군'이 나온다. 가령 누군가를 좋아하면서도 "난 너안 좋아해!" 하고 거짓말을 하면 '딸꾹' 하는 식이다. 그러니 피노키오증후군을 가진 사람은 거짓말을 하면 티가 나게 되어 절대 거짓말을 할 수 없다.

드라마 작가가 상상으로 만들어 낸 피노키오증후군은 '진실'이라는 주제를 이끌어 가는 데 기발한 장치로 작용한다. '피노키오증후군은 절대 거짓말을 하지 않는다'는 사람들의 생각이 진실을 가리는 상식인 양 악용될 수 있기 때문이다. 다시 말해서 피노키오증후군을 보이는 사람도 때로는 딸꾹질을 하지 않고도 거짓말을 할 수 있지만, 사람들은 피노키오의 말을 전혀 의심하지 않는다. 가령 피노키오증후군의 사람이 거짓을 보고도 참이라고 스스로 믿으면 딸꾹질을 하지 않는 경우다. 그러니 피노키오의 말이라고 하여 다 참말이라고 믿는 일반적인 '상식'은 틀린 셈이다. 피노키오가 거짓말을 하지 못한다고 해서 피노키오의 말이 모두 진실은 아니다, 이래야 옳다.

드라마 〈피노키오〉는 이러한 골자로 이야기를 엮어 간다. '진실'이라는 화두를 늘 고민해야 하는 직업이 있다. 바로 기자다. 피노키오증후군을 지닌 사람이야말로 기자라는 직업에 가장 적합할 텐데, 애석하게도 드라마 속 현실에서는 피노키오와 같은 기자가 단 한 사람도 없다. 이는 곧 거짓말을 못하면 기자가 될 수 없다는 뜻이기도 하다. 제법 우리 사회의 민낯을 잘 드러내는 지표 아닌가. 그래서 드라마에는 시청률의 노예가 된 한 방송국이 피노키오증후군을 지닌 사람을 기자로 뽑은 뒤 "우리는 진실만 전하겠다"며 홍보하기도 한다.

하지만 그래 봐야 쇼에 불과하다. 피노키오의 말이 언제나 진실은 아닐뿐더러, 피노키오의 말로써 오히려 진실을 왜곡할 수도 있기 때문이다. 피노키오가 잘못 본 사실, 곧 거짓말이 분명한 사실임에도 진실인 양 보도하고, 그 결과 누군가를 억울하게 만드는 일이 일어난다면, 그들의 뉴스는 사람의 인격을 죽이는 '살인병기'가 될 수도 있다.

이는 모두 가상의 설정이긴 하지만 깊이 생각해 보면 피노키오증후군은 도처에 널려 있지 싶다. 피노키오증후군의 특징, 다시 말해 '이 사람은 거짓말을 못한다'고 인식되는 사람들이 있다면 그들은 어쩌면 현실 속 피노키오증후군과 별반 다르지 않다. 가령 사람들은 한때 '뉴스'는 늘 진실이라고 믿었고, 여전히 그렇게 믿는 사람들이 있다. 그렇다면 그들에게는 뉴스가 곧 '피노키오'인 셈이다. 또 '저 사람은 결코 거짓말을 하지 않을 것이다' 하고 믿어 버린 사람들, 예를 들어 존경받는 성직자이거나 대쪽 같은 판사이거나 헌신적인 선생님이거나 심지어 천진난만한 어린아이라도 동일하게 피노키오가 될 수 있다.

이처럼 피노키오와 같은 부류의 사람들 말은 엄청난 힘이 실리게 된다. 하지만 그들 역시 신이 아닌 이상, 그들의 말이 모두 진실일 수는 없다. 사람들은 언제나 착각의 여지를 안고 산다. 그런데도 누군가는 착각하지 않을 사람으로 생각한다면, 우리는 사람을 신으로 여기는 것이나 다름없다. 이런 피노키오들이 사람 잡는 결과도 만들어 낸다. 진실 아닌 것이 진실의 가면을 쓰면 총칼처럼 사람을 죽이는 잔인한 무기로도 돌변한다. 역사는 우리에게 자주 그런 이야기를 들려준다. 피노키오의 총칼을 맞은 피해자는 억울하지만 항변조차 어렵다. 항변하더라도 듣는 이가 많지 않다. 그러니 무엇보다 무서운 존재가 피노키오다.

드라마 〈피노키오〉의 대사 한 구절이 우리 가슴을 쾅쾅 내리치듯 울려 온다.

> "… 사람들은 피노키오가 진실만 말한다고 생각하죠. 그리고 사람들은 기자들도 진실만 전한다고 생각해요. 피노키오도 기자들도 그걸 알았어야죠. 사람들이 자기 말을 무조건 믿는다는 거. 그래서 자기 말이 다른 사람들 말보다 더 무섭다는 걸 알았어야 합니다. 그러니 신중하고 더 신중했어야죠. 그걸 모른 게 그들의 잘못입니다. 그 경솔함이 한 가족을 박살 냈어요. 그러니 당연히 그들에게 책임을 물어야 합니다. … 피노키오가 기자가 되면 안 되는 이유를 이제 알겠네요. 자신이 틀릴 수 있다는 걸 무시하고 떠드는 사람이 기자가 되면 얼마나 위험한지, 자기 말의 무게를 모르고 함부로 말하는 사람이 얼마나 무서운지 알겠어요."

그 누가 '나는 진실만을 말한다'고 감히 단언할 수 있을까? 내 말은 진실이라고 감히 어찌 확신할 수 있을까? 인간이란 불완전하기 짝이 없는 존재인데 말이다. 그러므로 진실은 사람의 영역이 아니라 하나님의 영역이다. 그래서 "내

말이 진실이다, 내가 아는 게 진실이다" 이렇게 떠벌리는
순간 그는 하나님의 영역을 탐하는 악마가 되어 버린다. 신
이 되고자 하는 인간을 '악마'라고 했던가.

성서 인물 중 사도 야고보는 그래서 경계하고 또 경계
한다.

> 형제들아 서로 비방하지 말라 형제를 비방하는 자나 형제를
> 판단하는 자는 곧 율법을 비방하고 율법을 판단하는 것이라
> 네가 만일 율법을 판단하면 율법의 준행자가 아니요 재판관
> 이로다 입법자와 재판관은 오직 한 분이시니 능히 구원하기
> 도 하시며 멸하기도 하시느니라 너는 누구이기에 이웃을 판
> 단하느냐(약 4:11~12).

판단을 정지하는 순간 우리는 비로소 하나님의 겸손한
피조물의 자리에서 자유로워진다. 하지만 우리는 끊임없이
형제의 삶이나 말이나 행동을 판단하고자 한다. 스스로 악
마의 자리를 탐하는 일인데도 두려워하지 않는다. 우리 인
생이 진실로 감사해야 할 것은 하나님께서 진실을 오직 당
신의 영역에 두셨음이다.

누군가의 진심이 궁금하다면

한 영혼이 천하보다 귀하다고 알려 주신 분이 사람을 지으신 창조주 하나님이시다. 그러므로 한 영혼의 가치에 대해 더 이상의 설명은 불필요하다. 하지만 인류의 역사를 돌아보면 창조주가 이미 정해 놓은 한 영혼의 가치를 왜곡하고 파괴해 온 죄악의 흔적들이 곳곳에 등장한다. 창조주 하나님의 뜻은 여기서 또렷해진다. 영혼의 가치를 되살리는 일이다. 그런 일을 용기 내어 시작한 사람이 시즈토다. 비록 소설 속 주인공에 불과하지만 이 대목에서 그를 주목해 볼 만하다.

일본 소설가 텐도 아라타에게 나오키 상을 가져다준 작품 《애도하는 사람》[4]은 바로 이 시즈토를 일컫는다. 시즈토는 누군가의 죽음을 애도하기 위해 전국을 떠돌아다니는 청년이다. 그가 애도하는 대상은 전혀 친분이 없는 생면부지의 사람들이다. 그들은 대개 신문이나 방송이 보도한 사건 사고 현장의 고인들이다. 시즈토는 고인들을 애도하기에 앞서 그 사람에 대해 다음 세 가지 정보를 조사한다.

- 고인은 누구에게 사랑받았는가?
- 고인은 누구를 사랑했는가?
- 누가 고인에게 감사했는가?

이 세 가지 정보야말로 어느 날 갑자기 사라진 한 사람의 가치를 알려 주는 단서였다. 시즈토는 이 세 가지 질문에 대한 답을 통해 고인을 애도한다. 그러므로 시즈토는 고인을 바라볼 때 세 사람의 입장에 서는 셈이다. '당신은 나를 사랑해 준 사람이며, 당신은 내가 사랑하는 사람이며, 당신은 내가 감사하는 사람입니다. 나는 이런 당신의 죽음을 애도합니다.' 이처럼 시즈토는 고인을 향해 '당신은 더도 덜도 아닌 바로 이런 사람입니다'라고 말해 주고 위로한다.

우리는 한 존재를 이해한다는 명분으로 그의 공과를 따져 그 경중을 셈하는 방식에 익숙하다. 이런 셈법을 통해 한 사람의 가치를 평가하고 그 평가에 따라 이해의 깊이와 넓이를 달리하는데, 이런 이해의 방식은 시즈토의 진심 어린 애도에 비해 얼마나 가소로운가.

시즈토에게 애도의 의미는 고인을 세상에서 '단 하나뿐인 존재'로 마음에 새기는 일이다. 금세 잊히기 마련인 한 사람의 죽음을 특별한 일로 '기억'하고, 고인의 삶에 존재적인 가치를 부여한다. 그것은 곧 요것조것 셈하여 평가하는 세속의 잣대를 허무는 행위다.

이 작품을 쓴 텐도 아라타는 한 인간의 죽음이 어떤 가치를 갖는지에 대해 질문을 던졌다. 그 계기가 된 사건이 2001년에 발생한 9·11테러이고, 또 그해 10월 미국이 보복 차원에서 아프가니스탄을 공습한 일이다. 텐도 아라타는 이 두 사건 모두 동일하게 엄청난 인명 살상을 일으켰음에도 신문과 방송을 지배하고 대대적인 주목을 받는 죽음과 그렇지 못한 죽음이 있음을 목격했다. 죽음마저 차별하고 비교되는 세상이 그로서는 의아하기만 했다.

그는 궁금했다. '왜 사람들은 누군가가 정해 놓은 죽음의 가치에 대해 암묵적으로 동의하는 걸까?' 텐도 아라타는 한 걸음 더 나아가, 누군가의 죽음에 대해 경중을 따지는 행위는 결국 지금 살아 있는 사람들의 목숨에 대해서도 경중을 묻는 것과 같다고 여겼다.

그래서 그는 결심했다. 누구 한 사람만큼은 고인을 찾아가 차별이나 구별 없이 애도해 주는 일을 하겠다고. 어떠한 죽음이든 공평하게 위로하는 일이야말로 한 영혼의 가치를 천하의 무게와 동일시한 창조주 하나님의 관심 아니겠는가. 그런 의미에서 텐도 아라타의 소설 《애도하는 사람》은 시즈토라는 위대한 성직자의 탄생을 인류에게 선사하고 있다. 애도하는 사람 시즈토를 통해 우리는 한 영혼을 향한 창조주의 따스한 시선을 느낀다. 누군가를 사랑하고 누군가에게 사랑받기도 하며, 누군가에게 감사의 대상이었던 한 영혼을 주목하시는 분, 그분이 곧 나의 창조주라는 사실 앞에 벅차오르는 위로가 스민다.

한 사람을 창조주의 마음으로 이해하고 애도하는 사람 시즈토의 태도는 고인에게만 한정되지 않고 살아 있는 사람들에게까지 확장된다. 오늘 당장 내가 마주하는 모든 이에게 던져야 할 공통의 질문은, 그가 얼마나 배웠고 그의 소유가 얼마고 그의 지위는 어떠하며 그가 얼마나 의미 있는 일을 하고 얼마나 존경받는 인물인가를 묻기 전에, 그가 누구를 사랑하고 누구에게 사랑을 받으며 누구에게 감사의 찬사를 듣는 사람인가를 물어야 한다.

한 사람에 대해 정작 알아야 할 배경 중 이보다 우선하는 것이 어디 또 있을까? 그러니 우리가 누군가의 진심을 듣고 싶다면, 또 누군가에 대해 진실을 알고자 한다면, 먼저 그를 향한 질문부터 바꿔야 한다.

사랑이야말로 진실이다

어느 날 당신에게 다음과 같은 상황이 닥쳤다고 생각해 보자. 당신은 어떻게 반응할 것인가?

생면부지의 사람이 당신을 찾아와 '진실'을 알려 주겠다고 말한다. 그가 나에게 알려 준 '진실'이란 놀랍게도 내가 사랑하고 존경하는 사람이 실은 나의 원수라는 것이다. 물론 나로서는 기가 막힐 노릇이다. 한데 그는 과학적 증거까지 보여 주며 나의 과거를 일러준다. 혼란스럽다. 내가 아는 '그 사람', 그러니까 내가 사랑하고 존경하기까지 한 그 사람의 모습이 진실인지, 아니면 낯선 이가 일러 준 '그 사람', 곧 내가 알지 못하는 또 다른 그 사람의 실체가 진실인지, 도무지 판단할 수 없다. 그러나 만약 누군가가 들려준 이야기가 진실이란 걸 받아들이는 순간, 나는 그 사람이 내게 준 모든 사랑을 부정해야 한다. 어떻게 할까?

드라마 〈엔젤 아이즈〉[5]에서 펼쳐지는 이 특별한 상황은 매우 심각한 고민거리를 던져 준다. 어머니를 교통사고로 하늘나라에 보낸 뒤 고등학생 동주는 미국으로 건너가 빈궁하고 외로운 시간을 보내야 했다. 그런 동주 앞에 어느 날 천사처럼 한 사람이 나타났다. 그는 동주의 후원자가 되어 주었고, 어엿한 의사가 될 때까지 지속적으로 보살펴 주었다. 동주는 그 고마움을 표할 길 없어 그를 진심으로 아버지라 불렀다.

그러던 어느 날 동주 앞에 낯선 사람이 나타나 어머니의 교통사고 뒤에 숨겨진 '진실'을 밝힌다. 그가 전해 준 놀라운 진실은 동주가 아버지라 불렀던 그분이 어머니를 죽음에 이르게 한 '원수'라는 것이다. 그는 과학적 데이터까지 제시한다. 동주는 그가 노리는 게 무엇인지조차 묻지 못한 채 그 진실이라는 실체 앞에서 통곡한다.

만약 그 진실을 확인하고자 아버지로 여겼던 그분을 추궁하게 된다면, 동주는 그분으로부터 누린 그간의 따뜻한 사랑까지 모두 부정해야 한다. 그는 아버지인가? 아니면 어머니를 죽인 살인자인가? 두 정체 사이의 거리는 하늘과 땅만큼이나 멀다. 아버지가 살인자가 되는 순간 동주가 지나온 허다한 시간이 물거품처럼 사라져 버릴 것은 뻔하다. 하여 동주는 절망한다. 그 절망 끝에서 동주는 아버지에 대한 모든 사랑의 기억을 시궁창으로 던져 버리는 결정을 하고 만다.

그러나 현실은 잔인했다. 동주가 수긍했던 그것조차 진실이 아니었던 것이다. 동주가 저버린 아버지마저도 그 낯선 사람이 알려 준 진실, 과학적 데이터까지 동원해 증명한 그 스토리의 피해자였다. 동주가 이 모든 진실을 알게 되었을 때는 무엇도 되돌릴 수 없었다. 아버지는 이 일의 충격으로 영영 그를 떠나 버렸으니 말이다.

우리는 '과학적' 증거를 곧 진실로 받아들이는 세상을 살고 있다. '과학적'이라는 말은 곧 눈으로 확인할 수 있다는 의미이기에, 눈에 보이지 않는 사랑의 기억 따위는 삽시간에 무력화해 버린다. 그러나 눈에 보이는 과학적 증거조차 실은 얼마든지 조작할 수 있으니, 엄밀하게 과학이란 조작의 가능성까지도 포함해야 한다.

우리가 쉬이 망각하는 과학의 특징 중 하나는, 끊임없이 의심함으로써 비로소 진실에 가까워지는 영역이라는 사실이다. 99퍼센트의 과학적 진실조차 1퍼센트의 억울한 진실을 품고 있으며, 그 99퍼센트의 확률조차 나머지 1퍼센트에 의해 뒤집어지기도 한다. 게다가 인간의 탐욕과 무지가 가미될 경우, 거짓조차 진실로 둔갑시킬 수 있기에 이 세상에는 수많은 거짓이 진실처럼 활보하는 것이다. 그러니 우리 곁에는 늘 억울한 사연들이 주위를 배회하고 있음을 기억해야 한다.

우리에게 만약 '엔젤 아이즈' 곧 천사의 눈이 있다면 얼마나 좋을까. 그러면 우리는 인간의 눈으로는 결코 볼 수 없는 깊은 사랑의 마음까지 들여다볼 수 있을 텐데…. 재미있게도 드라마 〈엔젤 아이즈〉는 천사의 눈을 얻는 방법을 알려 준다. 그것은 누군가의 사랑을 통해 얻는 눈이다. 누군가의 사랑….

요한 사도는 놀랍게도 이런 가르침을 들려준다.

하나님이 우리를 사랑하시는 사랑을 우리가 알고 믿었노니 하나님은 사랑이시라 사랑 안에 거하는 자는 하나님 안에 거하고 하나님도 그의 안에 거하시느니라(요일 4:16).

사랑만이 그에 대해 판단할 수 있는 유일한 증거다. 한 사람의 진심을 알고 싶을 때, 그의 진실이 궁금해질 때, 그가 내게 보여 준 사랑의 기억만을 유일한 증거로 삼으라. 사랑만이 진심이고 진실이기 때문이다.

슬픔 셋

,

허송세월은 없다

내게 주어진 시간을 바보처럼 살기 시작한 바로 그 순간부터,

나는 어쩌면 또 하나의 나를 가진 '또 하나의 별'을 동경하기 시작했을지 모른다.

다시 돌아갈 수 없는 시간을 동경하면서 나는 지금의 어긋나 버린 나를 부정하려고도 했다.

허송세월이란 없는데… 그 모든 바보 같은 시간들까지 더하여 나는 아름다울 수 있으리라는 믿음,

그 믿음이야말로 또 하나의 탄생을 허락하신 분을 신뢰하는 예의 바른 태도인데 말이다.

'또 하나의 지구'를 꿈꾼다는 건

로다는 명문대 MIT^{매사추세츠공과대학교}에 합격했다. 이제 로다에게 장밋빛 세상이 열린 것이다. 축하 파티의 흥에 젖어 잔뜩 술에 취한 로다는 잡지 말아야 할 운전대를 잡고 말았다. 흔들리는 차 안에서 로다는 하늘에서 작은 점처럼 빛나는 푸른 별을 보았다. 바로 그 순간 교통사고가 났고, 한 가족의 행복은 로다의 그릇된 선택으로 인해 산산조각이 났다. 로다는 MIT가 아닌 감옥으로 향했다.

시간이 흘러 감옥에서 출소하던 날, 로다는 하늘에 뜬 또 하나의 별을 발견한다. 교통사고가 나던 그날 하나의 점으로만 보였던 그 푸른 별이 이제는 낮에도 보일 만큼 커져 있었다.

이 별에도 지구에서와 같이 달이 떠 있다. 즉 이 별은 '또 하나의 지구'인 것이다. 게다가 놀랍게도 '또 하나의 지구'

에서는 로다가 살고 있는 지구의 모든 삶이 평행하게 일어
난다. 그러니까 또 하나의 지구에는 또 하나의 내가 살고
있고, 또 하나의 역사가 지구와 평행하게 일어나고 있다.

또 하나의 지구를 알게 된 사람들은 그곳으로 떠날 여행
단을 모집한다. 로다는 지원 서류에 자신이 그곳으로 떠나
야 할 이유에 대해 이렇게 쓴다.

"초기 탐험가들은 대서양을 지나 서쪽으로 향할 때 지구
가 평평하다고 생각했다. 사람들은 서쪽으로 가면 아무것
도 없을 것이라고 생각했지만 누군가는 그 미지의 세계로
떠났다. 그들은 정신이상자, 고아, 전과자, 부랑자 등 가장
자리의 사람들이었다. 마치 나처럼…. 범죄자로서 나는 어
쩌면 모든 조건에 부합한다. 난 반드시 떠나야 할 사람인지
모른다."

한순간의 실수로 인해 가장자리 사람으로 전락해 버린
로다에게 또 하나의 지구는 유일한 선택처럼 와 닿았다.
'이곳'을 떠나고자 하는 사람들이란 언제나 중심이 아닌 가
장자리의 사람들일 테니 말이다.

그러나 지구와 또 하나의 지구, 평행하는 이 두 별은 매
우 특별한 운명을 가지고 있다. '깨진 거울 이론'으로 불리
는 이 운명은 모든 게 거울에 비추인 모습처럼 서로 동일하
지만, 만약 서로의 존재를 알게 되면 그 순간 마치 거울이

깨지듯 평행이 깨지고 만다는 운명이다. 그러니까 같은 삶을 살아온 두 별의 사람이, 서로 거울을 보듯 마주하여 그 존재를 알아 버리는 순간, 그동안의 모든 평행이 깨지고 그 순간부터는 서로 다른 삶을 살게 된다는 것이다.

로다의 운명도 바로 '깨진 거울 이론'에 따른 셈이었다. MIT에 합격한 뒤 축하 파티를 마치고 나와 자동차를 운전하고 있을 때 로다는 그 별의 존재를 마주했고, 두 로다의 삶은 서로 어긋나기 시작했다. 그렇다면 또 하나의 지구에 살고 있을 또 한 사람의 로다는, 지구의 로다와 달리 MIT에 합격하여 그 이후의 여정을 순탄하게 살고 있을지도 모른다는 추측을 낳는다.

바보 같은 시간을 살아온 로다에게, 그 시간을 후회하고 고통스러워할수록 그렇지 않은 시간을 살고 있을 '어나더 로다'의 지구는 점점 더 크게 다가왔다. 또 하나의 지구가 더 가까울수록 로다는 혼돈에 빠졌다. 어쩌면 '이곳의 나는 진짜가 아닐 수도 있다'는 환상 또한 짙어져 갔고, 다가오는 또 하나의 지구도 그만큼 더 크게 다가왔다. 지금의 나, 어쩌면 거짓과도 같은 나를 내던지고 '진짜' 내가 살고 있을 또 하나의 지구로 떠나고 싶은 마음뿐이다.

영화 〈어나더 어스〉[1]는 지금의 나 자신을 도무지 받아들일 수 없는 사람들, 또는 지금의 나를 결코 용서할 수 없는 사람들의 마음 한편에 도사리고 있는 도피의 욕망을 그려 낸 작품이다.

영화는 로다가 결국 또 하나의 지구로 떠나려던 여행을 포기함으로써 지금의 나를 거짓 아닌 '참 나'로 받아들일 때에야 비로소 또 하나의 지구에서 온 로다와 만나게 되고, 바로 그 순간 로다의 눈에 다가온 또 하나의 지구가 사라지게 된다는 이야기로 엔딩을 맞는다. 이제 로다에게는 이곳의 나를 부정하고 찾아가야 할 또 하나의 지구가 사라진 셈이다.

바보 같은 시간을 살다가 지금 가장자리 인생을 살아가는 사람들에게 '또 하나의 지구'는 마치 파라다이스처럼 와 닿는다. 그들에게는 또 하나의 지구야말로 매력적인 복음일 게다. '나는 내가 아니다'라고 스스로 주문을 걸어 보지만 그럴수록 더욱 허무해질 뿐이다. 마치 거울 속의 나를 보는 것처럼….

그래서 일찍이 주님이 이렇게 말씀하시지 않았던가.

> … 예수께서 대답하여 이르시되 하나님의 나라는 볼 수 있게 임하는 것이 아니요 또 여기 있다 저기 있다고도 못하리니 하나님의 나라는 너희 안에 있느니라^(눅 17:20-21).

그러고 보면 하나님의 나라를 여기 또는 저기로부터 내 안으로 모셔 들이는 일이야말로 파라다이스를 살아가는 첫 조건인 셈이다. 또 하나의 지구, 또 하나의 내가 사라질 때 비로소 진정한 나의 인생을 출발할 수 있을 테니 말이다.

로버트 롤런드 스미스는 《이토록 철학적인 순간》[2]에서 "결혼을 통해 신랑과 신부는 외부의 도움 없이 남편과 아내로서 자신들의 운명을 소유하기로 결정한다. … 결혼은 쌍방 간에 오가는 일종의 절대적 채무다. 양측이 빚을 졌기 때문에 양자 모두 적어도 원칙적으로는 올바르게 처신하게 마련이다"라고 말한다.

하지만 이처럼 깊이 고민한 뒤 결혼을 결심하는 이가 몇이나 될까? 우리는 대개 사랑의 결과로서 결혼에 이르지만, 결혼에 앞서 '운명의 소유'와 '절대적 채무'를 강요하며 결혼 전까지의 느슨한 모든 상황을 팽팽한 긴장 상태로 바꿔 놓아야 한다는 사실에 눈뜬 이들은 그리 많지 않다. 결혼 전과 결혼 후, 우리에게 주어진 책임감의 무게는 확연히 달라져야 함에도 우리는 그 점에 둔감하기 쉽다.

아니, 나의 경우 한없이 느슨했고 무지했다. 그러다 어느 순간 가장家長인 나를 의지한 채 평화로이 잠든 가족들의 침실을 본 뒤로, 내가 얼마나 둔감한 시간을 살아왔는지를 깨달았다. 하지만 그때는 꽤나 늦어 버린 시점이었다.

친구가 장에 가니 거름 지고 장에 간다 했던가. 가만히 뒤돌아보면 결혼, 취업, 퇴직 등 인생을 살아가며 누구나 통과하는 많은 순간을 나는 거름 지고 장에 가는 식으로 '따라쟁이'처럼 살아왔다. 그저 누구나 통과하는 하나의 문처럼 여기면서 털레털레 지나왔을 뿐이다. 더 깊이 생각하고 신중하게 결정하여 그 순간에 담긴 심오한 의미들을 내 안에서 온전히 승화시킬 수 있었더라면 얼마나 좋았을까, 후회한다.

내게 주어진 시간을 바보처럼 살기 시작한 바로 그 순간부터, 나는 어쩌면 또 하나의 나를 가진 '또 하나의 별'을 동경하기 시작했을지 모른다. 다시 돌아갈 수 없는 시간을 동경하면서 나는 지금의 어긋나 버린 나를 애써 부정하려고도 했다.

허송세월이란 없는데…. 그 모든 바보 같은 시간들까지 더하여 나는 아름다울 수 있으리라는 믿음, 그 믿음이야말로 또 하나의 탄생을 허락하신 분을 신뢰하는 예의 바른 태도인데 말이다.

알코올중독으로 합병증을 앓고 있는 테츠로가 의지할 데라고는 행려자들을 위한 호스피스 기관뿐이다. 테츠로는 이제 이곳에서 자신의 마지막 시간을 보내야 한다.

돌아보면 테츠로는 형제들에게조차 폐만 끼치며 살아왔다. 그래서 테츠로는 형제들 사이에서 왕따였다. 형제들은 아들이나 딸의 결혼식이 있거나 집안에 큰일을 치를 때 테츠로에게 알리지 않았다. 테츠로는 예의와 도덕을 지켜야 할 자리에서 술에 취하여 잔치 분위기를 망쳤다. 일본이라는 사회에서 테츠로의 무례한 행동은 더욱 용서받기 어려웠다. 몇 번 그런 일이 생긴 뒤 형제들은 테츠로를 따돌렸다. 형제들에게 환영받지 못한 테츠로는 다른 사람들에게서도 환영받지 못했다. 테츠로가 살아온 세월은 모질고 험했다.

영화 〈남동생〉[3]은 형제에게조차 따돌림받는 남동생 테츠로를 이해해 가는 누나의 마음을 담았다. 누나는 테츠로가 늘 안쓰러웠으나 남동생의 마음 깊은 곳까지 헤아리지는 못했다. 어딘가에서 삐꺽 어긋나 버린 동생의 인생은 끝내 외롭고 고단한 시간으로 이어졌다. 그 시간들마다 나름의 이유는 있는 법이다. 그런 관점에서 바라보면 테츠로의 삶은 안타깝다. 남동생이 살아온 그 아픈 시간들을 바라보는 누나의 마음은 더욱 쓰리다.

테츠로가 세상을 떠날 때의 장면은 인상적이다. 마지막 여정을 지켜 준 호스피스 기관의 자원봉사자는 테츠로가 이 세상을 떠나는 순간에도 기꺼이 길동무가 되어 이 땅에서의 마지막 인사를 전한다.

"텟짱, 고생하셨어요. 잘 가요."

누구보다 할 말이 많았을 한 사내의 마지막 길에 '고생하셨어요'라는 인사보다 더 따뜻한 위로의 말은 없을지 모른다. 누구나 그렇게 떠날 테니 말이다.

> 나사로라 이름 하는 한 거지가 헌데 투성이로 그의 대문 앞에 버려진 채 그 부자의 상에서 떨어지는 것으로 배불리려 하매 심지어 개들이 와서 그 헌데를 핥더라 이에 그 거지가 죽어 천사들에게 받들려 아브라함의 품에 들어가고…
>
> (눅 16:20-22)

나사로는 이 땅에서 얼마나 험한 인생을 산 사람인가. 나사로의 영혼을 아브라함의 품으로 옮기던 천사들이 나사로를 맞이하며 건넨 인사말이 어쩌면 그 말 아니었을까. "고생하셨어요." 이제 후로는 사연 많은 나사로의 인생 이야기를 하나하나, 오래오래 들어주실 그분을 만나겠지. 그리하여 나사로의 인생은 비로소 공정하게 해석될 테고. 그제야 우리의 눈물이 그치고, 억울한 사연들도 지친 나래를 접고 평화로이 잠들 수 있겠지.

나의 프런티어는   별처럼 멀더라도

밤하늘의 별을 보면 까닭 모를 눈물이 났다. 끝 간 데 없
는 우주에서 나라는 존재가 얼마나 티끌 같은지를 봄으로
써 주눅 든 것일 수도 있고, 캄캄한 우주 공간 어딘가로 내
영혼이 사라져 버릴 것 같은 두려움이 엄습해서 그런 것인
지도 모른다. 그럴수록 영원한 무엇을 갈구하고 내 영혼을
의지하고 싶었다. 그 간절함은 내 몸 깊은 곳에서, 아니면
내 몸 밖 어느 먼 세계에서부터 솟구치거나 몰려왔다.

성경을 읽기 시작할 무렵 나는, 성경의 이야기가 다른 누
구의 이야기가 아닌 '나의 이야기'가 되어 주기를 바랐다.
만약 그런 사실을 목격이라도 할 수 있다면, 그래서 도저히
거부할 수 없는 확신을 가질 수만 있다면, 밤하늘의 어딘가
로 당장 사라져 버린다 해도 좋을 것 같았다. 성경이 현재
진행형인 곳이 있다면, 그곳이 어디든 나는 그곳에 서고 싶

었다. 고난이 아직 그치지 않은 땅이어도 좋았다. 나는 그곳에서 기꺼이 사도행전의 시간을 살아 볼 작정이었다.

나는 내가 있어야 할 그곳을 '프런티어'라고 불렀다. 하나님 나라의 전쟁이 여전히 한창인 땅, 그곳에서 성경 속 위인들처럼 하나님의 보살핌이 잠시라도 멈추면 살아갈 수 없는, 아니 하나님의 개입을 늘 바라고 확인하는 시간을 살고 싶었다. 예루살렘으로 가고자 하던 바울 사도의 마음이 곧 나의 다짐이었지 싶다.

> 보라 이제 나는 성령에 매여 예루살렘으로 가는데 거기서 무슨 일을 당할는지 알지 못하노라 오직 성령이 각 성에서 내게 증언하여 결박과 환난이 나를 기다린다 하시나 내가 달려갈 길과 주 예수께 받은 사명 곧 하나님의 은혜의 복음을 증언하는 일을 마치려 함에는 나의 생명조차 조금도 귀한 것으로 여기지 아니하노라(행 20:22-24).

그러나 나의 꿈은 시간이 흐르면서 녹슬고 탈색되었다. 바삐 무언가에 쫓겼고, 꿈은 몸이 늙어 가듯 닳아서 뭉툭해졌다. 그럴수록 나는 어느 것 하나에도 마음을 매지 못한 채 주변을 빙빙 떠도는 듯했다. 나의 시간은 길을 잃었고, 그렇게 꽤 많은 세월이 흘렀을 때 어느 선배로부터 편지 한

통이 왔다. 선배는 내가 그토록 갈망했던 프런티어의 어느 시간에서 편지를 띄운 셈이었다.

편지에 담은 사연을 읽어 갈 때 내 안에서는, 녹슬고 탈색되어 어딘가에 처박혀 있던 오래된 꿈 하나가 꿈틀거리기 시작했다. 선배의 프런티어는 마치 사도행전에서 두 전도자를 감옥에 가둔 소아시아 어느 땅처럼 살벌하고 긴박했다. 선배는 아직 복음이 전해지지 않은, 프런티어 저 너머로 잠입해 예수의 일생을 담은 동영상과, 그곳 사람들의 언어로 번역된 성경을 뿌림으로써 선교의 거점을 만들고자 했다. 이 위험한 미션은 작은 실수 하나에도 생명을 내놓아야 할 만큼 위험했다. 선배는 그곳으로 향하는 프런티어에서의 심정을 편지에 담았다.

그날 밤 저녁을 먹는데, 세상에서 그렇게 맛없는 식사는 처음이지 싶었다. 밤이 깊어질 무렵 인적이 드문 틈을 타 강을 건너기 시작했다. 감시를 피할 방법은 그 방법뿐이었다. 자꾸만 불길한 생각이 들어서 낮은 목소리로 찬송을 불렀다. 주님의 뜻을 이루소서. 고요한 중에 기다리니 진흙과 같은 날 빚으사 눈보다 희게 하옵소서…. 어느새 눈물이 뺨으로 흘러내렸다. 나는 기도했다. 누군가 이렇게 전달된 성경을 읽고서 예수를 믿게 해주십시오. 비록 50명분도 안 되지

만 이것이 씨앗이 되어 이 나라에서도 오래전 중국에서 일어
난 성령의 역사가 일어나게 해주십시오.

어느새 마음이 뜨거워지고, 캄캄한 우주 저편에서 외로
이 떠돌던 별 하나가 반짝 빛나는 듯했다. 늙고 닳아 뭉툭
해져 버린 나의 프런티어에 대한 기억이, 별이 빛나는 순간
새싹처럼 새록새록 움트는 듯했다. '아! 아직 살아서 꿈틀
거리는구나' 하고 생각하는 순간 먼 길 돌아온 나의 여정조
차 무의미하지 않았음을, 나는 여전히 그분 안에 있었고, 무
의미해 보이는 사소한 순간조차 그분의 손 안에서 의미를
가지게 되리라는 믿음을 품게 된다.

이제 비로소 밤하늘의 별들은 평화로이 빛난다. 나의 기
다림과 그분의 기다림은 그렇게 오랜 세월을 지나 만나게
될까? 거기서 나의 프런티어가 열릴까?

땅이 끝나는 바다에 서면

영화 〈노킹 온 헤븐스 도어〉[4]는 죽음을 앞둔 두 사람이 같은 병실에서 만나, 함께 죽음의 자리를 찾아 먼 길을 떠나는 이야기다. 살아온 길이 전혀 다른 마틴과 루디. 이 두 사람을 친구로 이어 주는 끈은, 그들이 도달해 버린 '죽음'이라는 종착지에 다다른 사람의 공감이다. 이 공감은 여느 감정보다 더 깊어서 서로 다른 과거의 이질감 따위는 아랑곳없다.

영화를 이끌어 가는 모티브는 알 듯 모를 듯한 마틴의 대사 속에 묻어난다.

"하늘나라에 대해 들어 봤어? 그곳에선 바다의 아름다움과 바다에서 바라본 석양에 대해서만 이야기하지. 물속으로 빠져들기 전 핏빛으로 변하는 커다란 공, 사람들은 자신이 느

긴 그 강렬함과 세상을 뒤덮는 바다의 냉기에 대해 이야기하
는 거야. 그러니 영원한 건 단 하나, 영혼 속의 그 불길뿐이
야. 하늘나라에서는 오직 바다에 대해 이야기할 뿐이지. 노
을이 질 때 불덩어리가 바다로 녹아드는 모습은 얼마나 장관
인지…. 그 순간 유일하게 남은 빛은 우리 마음속의 촛불뿐
이야."

그러나 루디는, 하늘나라에서 이야기할 유일한 주제인
바다를 본 적이 없다. 마틴은 루디에게 석양에 빛나는 바다
를 보여 주고자 함께 길을 떠난다. 죽음을 앞둔 두 사람의
마지막 미션 같은 여행은 이렇게 시작된다. 그들에게 있어
바다를 보는 미션은 진지하고 간절하다. 어쩌면 인생에서
단 한 번이라도 태양처럼 뜨겁게 타오르기 위해, 그들은 얼
마 남지 않은 여생을 불태울 기세다.

우여곡절을 거쳐 끝내 다다른 땅끝, 그리고 바다의 시작!
더 이상 걸어갈 땅은 없다. 멀리 석양이 내리고 또 멀리 바
다가 펼쳐진다. 땅과 바다의 경계는 곧 삶과 죽음의 경계여
서 거기서 그들이 할 일이란 그 문을 노크하는 일뿐이다.
하늘나라에서 이야기할 그들의 바다를 가졌으니 더 이상
바랄 것은 없다. 이 바다 앞에서 그들이 지닌 전부는 데킬
라 한 병과 담배 한 대, 그것으로 충분하지 않은가.

"Knock, Knock, Knockin' on Heaven's door⋯."

노크 같은 노래가 흐른다.

먼 길을 걸어 바다에 다다르면, 석양이 지는 그곳에서 우리는 하늘나라로 향하는 문을 노크할 것이다. 품어 온 것들을 모두 내려놓은 채 '운명이다' 말하겠지. 뜨거운 불덩어리들은 차가운 바닷속으로 첨벙 침몰할 테고, 그 찬란한 석양의 시간만을 기억한 채 우리는 스러져 갈 게야. 그 시각에 이르면 비로소 깨닫게 되겠지. 무엇을 욕심내어 광풍처럼 휘몰아친다는 건 삶을 어지럽히는 일에 불과하다는 걸. 그리고 세월을 허비하는 일 따위는 애당초 있지도 않았다는 걸.

아무도 우리가 살아온 세월에 대해 비교하거나 평가할 수 없으므로. 땅끝 바다 앞에 서면 우린 그저 '똑똑' 하늘로 향하는 문을 노크할 거야. 그런 뒤에는? 모른다. 오늘 우리가 묻거나 알아야 할 일이 아니니까.

: 옷

영화 〈상의원〉[5]은 옷을 짓는 사람들의 세계로서, 삶의 더 깊은 비밀에 이르는 이야기다.

왕과 왕비의 의복을 만드는 사람인 어침장 돌석에게 옷은 신분 해방의 길인 한편, 궐 밖에서 옷 잘 짓기로 소문난 천재 공진에겐 옷이 곧 사랑이다. 돌석은 권력에 가까이 가고자 권력자들이 경계하는 위험한 옷을 미리 배제한다. 그러나 공진은 오히려 옷으로써 억눌린 아름다움을 해방시키고자 돌석이 배제한 옷에 손을 댄다. 이처럼 두 사람에게 옷이란, 세상을 살아가는 그들 나름의 길이자 방편이다.

그 삶의 길에서 돌석은 공진을 질투하고 갈등하며 끝내 무너뜨리려 한다. 해방을 향해 가는 공진도 마찬가지여서

세속적인 돌석의 마음 따위야 의식하지도 개의치도 않는
다. 평행선을 걷는 듯한 두 사람의 길은 한데 어우러지지
않는다. 그럼에도 오랜 세월이 지난 뒤 그들의 옷은 덧없어
지고, 내 안의 불길을 태우느라 누군가에게 상처 주고 모질
게 했던 시간들만 남는다. 보잘것없고 가여운 인생들이 마
음 한쪽에 그리움과 기다림을 품고 살아온 사실만 도드라
질 뿐이다.

휜 눈이 꽃잎처럼 날리는 어느 날의 풍경은 그들이 지은
옷보다 가볍고 품위 있었다.

: 가비

가비 곧 커피는 미묘하기 이를 데 없는 음료다. 그래서
고종의 커피를 내리는 여인, 따냐의 설명처럼 가비는 이것
과 저것의 경계가 희미하고, 버리고자 하면 귀하고, 품고자
하면 위험한 어떤 것이다.

"가비를 볶을 때는 과일이나 꽃향기가 섞여 나고, 뜨거운 물
에 우려 낼 때는 은은한 향을 내면서 고소한 향이 납니다. 연
하게 볶으면 향은 살아나지만 맛이 복잡해지고, 진하게 볶으

면 쓴맛이 깊어집니다. 가비는 만드는 사람의 마음을 내리는 것이며, 향이 천천히 퍼지도록 인내하며 적셔야 합니다. 미묘한 차이에도 맛과 향이 달라지므로 쓸모없는 맛들은 아끼지 말고 버려야 합니다."

영화 〈가비〉[6]는 가비의 미묘하고 매혹적인 맛을 두 남자의 운명에 적셔 풀어놓은 영화다. 노서아 공관을 궁으로 삼아 제국의 시간을 잉태하는 고종은, 가비로써 마음을 달래거나 풀무질하려 한다.

"나는 가비의 쓴맛이 좋다. 왕이 되고부터는 무엇을 먹어도 쓴맛이 났다. 그런데 가비의 쓴맛은 오히려 달게 느껴지는구나. … 나는 죽지 않을 것이다. 삶이 죽음보다 백 배나 치욕스러울지라도…. 나는 살아서 할 일이 있기 때문이다."

그러나 고종을 독살함으로써 사랑하는 여인 따냐를 지켜야 할 일리치에게는 가비가 곧 따냐이다. 한 남자에게 가비는 제국의 꿈이고, 한 남자에게 가비는 사랑이다. 허나 제국의 꿈이든 사랑이든, 그것이 욕망으로 어지러워지는 순간 제국은 백성을 놓치고, 사랑은 여인의 눈물조차 읽지 못한 채 쓸모없어진다. 하여 꿈이든 사랑이든 아낌없이 버려야 한다. 그렇지 않으면 가비처럼 쓸모없는 맛이 되고 만다.

: 얼굴

"당신들의 얼굴에 뭐 별난 거라도 있었던 줄 아시오? 염치없
는 사기꾼 상도 있고, 피 보기를 쉬이 여기는 백정의 상도 있
고, 글 읽는 선비의 상도 있고…, 어디서나 볼 수 있는 얼굴
들이었소. 그냥 수양은 왕이 될 상이었단 말이오. 난 사람의
얼굴을 봤을 뿐 시대의 얼굴을 보지 못했소. 시시각각 변하
는 파도만 본 격이지. 바람을 보아야 하는데…. 파도를 만드
는 건 바람인데 말이오."

오래 기억에 남을 영화 〈관상〉[7]의 명대사는 관상쟁이 내
경이 지난 시간들을 돌아보며 겨우 깨달은 진리였다.

관상 곧 얼굴이 보여 주는 지도는 그저 파도에 불과할 뿐
바람 곧 역사의 큰 기운 앞에서는 보잘것없어진다는 사실
이었다. 그러니 진정한 관상이란 보는 것이 아니라 듣는 것
인지 모른다. 왕이 될 자의 얼굴이 아닌, 왕을 모실 민중들
의 소리를.

내경은 깨달았다. 천지 분간도 못한 채 인생의 길을 함부

로 지껄인 셈이었고, 그 세월은 참 덧없었다.

:

　옷이든, 가비든, 얼굴이든 모든 것은 내용을 담아내는 그릇에 불과하다. 옷에 담은 아름다움이든, 가비에 담은 맛이든, 얼굴에 그려진 운명이든, 그저 간절하고 따뜻하고 가지런해야 한다. 그래야 평온하고, 길을 잃지 않는다.
　그러나 인간이란 본디 연약하기 짝이 없는 존재라, 모질고 안타까운 세월을 보낸 뒤에야 비로소 그런 깨달음 앞에 서게 되니, 이 또한 인생이 가야 할 길인가.

2부

간절한 소망

소망 하나,

평화, 오래되어 낡아 버린 갈망

슬픈 역사를 가진 히브리인들의 인사 '샬롬' 또한
하나님의 평화를 기원하는 오래된 소망이다.
수많은 세월을 기원하며 기다렸으나, 어쩌면
이 땅에서는 샬롬의 세상이 끝내 이루어지지 않을지도 모른다.
우리는 어느새 이런 절망에 익숙해졌다. 우리가 샬롬이라고 인사할 때,
거기에는 오래되어 낡아 버린 인류의 갈망이 바람처럼 응응 운다.
하나님께로 향하는 간절한 기도처럼.

전쟁을 멈춘 작은 평화

1차 세계 대전이 한창이던 1914년 겨울, 영국군과 독일 군은 벨기에 근처의 서부 전선에서 대치하고 있었다. 이미 수많은 젊은이가 목숨을 잃은 뒤였다. 세상의 아비들이 그렇게 아들의 장례를 치러야 했다. 서부 전선의 겨울은 너무 추워서 병사들의 발이 얼었고, 언 발이 썩었으며, 썩은 발을 들쥐들이 물어뜯었다.

그러나 그 슬픈 겨울에도 어김없이 크리스마스가 찾아오고, 가족들이 보낸 편지와 위문품들이 먼 전선에도 답지했다. 병사들은 저마다 막사에 웅크리고 앉아 멀리 떨어진 가족들의 체온을 느끼려 했으나 얼어붙은 병사들의 마음은 쉬이 녹지 않았다. 그해 크리스마스이브의 밤이 그렇게 절망과 비애 속에 어둡게 내리고 있었다.

그때였다. 저쪽 독일 진영으로부터 한 병사의 노랫소리

가 들리기 시작했다. 영국인이라면 누구나 아는 사랑의 노래 "애니 로리"Annie Laurie였다. 스코틀랜드의 아름다운 민요가 적군의 진영에서 적군의 목소리에 실려 이쪽으로 당도하자 영국군의 분위기는 뒤숭숭했다. 다른 날도 아닌 크리스마스이브였다. 노래 한 곡이 전생의 감각마저 둔하게 만들어 버릴 수도 있는 마술 같은 시간이었다. "전쟁과 민족적 증오에 대한 모든 생각이 갑자기 사라졌다. 우리는 그때 아이들처럼 행복했다." 독일군 장교였던 게오르크 라임은 그날 밤의 분위기를 이렇게 증언했다.

이윽고 노래가 멈추었고, 노래를 부른 병사로 추정되는 한 남자의 목소리가 들렸다.

"신사 여러분. 나는 독일군 소위입니다. 지금 나는 참호 밖으로 걸어 나와 여러분에게 가고 있습니다. 나의 목숨은 여러분 손에 달려 있습니다. 나는 그쪽의 장교 한 사람과 중간 지점에서 만나 대화하고 싶습니다."

영국군 진영은 그러나 쥐 죽은 듯 조용했다. 그때 정적을 깨고 한 병사가 뛰쳐나가려 하자 상관이 막아 세우며 돌아가라고 명령했다. 영국군 진영은 흔들렸다. 제안에 응해야 한다는 의견과 믿을 수 없는 제안이라는 의견이 분분했다.

독일군 소위는 이제 눈으로 확인할 수 있을 만큼 가까이 다가와 있었다. 그는 포기하지 않고 다시 말했다.

"여러분의 병사 서른 명의 시체가 우리 참호 앞에 버려져 있습니다. 크리스마스인 내일 아침에 그들의 장례를 치르고 싶은데 여러분의 생각은 어떻습니까? 나는 지금 혼자고, 무기도 없습니다."

100여 개의 총구가 일제히 그를 향하는 순간, 조금 전 참호 밖으로 나가려 했던 병사가 흉벽과 철조망을 넘어 독일군 장교에게로 나아갔다. 어떤 명령도 그를 멈추게 할 수 없었다. 그들이 중간 지점에서 만나 이야기를 나누기 시작하자, 양쪽 진영에서는 두 사람을 향해 눈을 떼지 않았다. 이윽고 두 사람은 다음 날 아침 널브러진 전사자들의 장례를 치르는 데 합의했다.

시간이 얼마나 흘렀을까. 독일군 요새 위로 크리스마스트리에 불이 들어왔다. 점점 더 많은 양측 병사들이 중간 지대로 나왔으며, 급기야 크리스마스 휴전 협정이 체결됐다. 모두가 그렇게 간절히 바라던 시간이 기적처럼 찾아왔다. 병사들은 노래를 부르며 크리스마스이브의 평화로운 밤을 보냈다. 전쟁의 한가운데서 밝힌 '샬롬의 밤'이었다. 병사들은 가족사진을 돌려 보며 노래를 부르고, 무인 지대에 널브러진 병사들의 장례를 치렀으며, 크리스마스 만찬을 나눴다. 함께 축구도 했다.

그렇게 크리스마스의 짧은 휴전이 끝나고 다시 전쟁은

계속되었다. 평화는 또다시 사라졌으나 그날 밤에 찾아온 짧은 평화는 병사들에게 잊을 수 없는 크리스마스의 추억을 남겨 주었다. 평화는 어쩌면 우리 가까이에 있고, 또 그렇게 멀어져 간다는 깨달음까지. 또 크리스마스이브의 마술처럼, 우리 곁에 찾아오시는 하나님을 진심으로 맞아들인다면, 평화의 시간 또한 마술처럼 깃들 것이라고….

《크리스마스 휴전, 큰 전쟁을 멈춘 작은 평화》[1)]가 전하는 기적 같은 이야기는 우리에게 그런 의미를 남겼다.

평화, 모든 슬픔의 꽃

'모든 아이들의 변호인', '폴란드 고아들의 아버지'로 불린 야누쉬 코르착은 슬픈 아이들의 눈물을 가슴으로 받아내어 신의 제단에 쏟아 낼 줄 알던 교사였다. 교사는 불평하는 사람이 아니라 슬퍼하는 사람이라고 했던가. 슬픔은 곧 그가 드리는 예물이었고, 노동은 예배였다.

하나님, 저는 길게 기도하지 않겠습니다. 장탄식長歎息을 하지도 않겠습니다. 허리를 굽히지도 않겠고, 영광을 받으시기에 합당할 만큼의 예물을 가져오지도 않았습니다. 당신의 위대한 은총을 훔칠 생각도 없고, 내리시는 굉장한 선물도 갈망하지 않겠습니다. 제가 하는 생각에는 하늘에 날아오르는 노래를 실어다 줄 날개 같은 것은 없습니다. 제가 하는 말은 색채도 없고 향기도 없고 꽃잎도 없습니다. 피곤하고 졸릴

뿐입니다. 저의 눈은 침침해졌고, 등은 일을 하도 많이 하여 휘어졌습니다. 그렇지만 주님께 간절히 바라는 것이 있습니다… 〔이렇게 오랫동안 서론 같은 간청을 드린 뒤 기도문은 비로소 본론에 들어선다.〕 아이들에게 선한 의지를 주시고, 그들의 힘을 북돋아 주시고, 그들의 수고에 복을 내려 주시옵소서. 아이들을 편한 길로 인도하지는 마옵소서. 그렇지만 아름다운 길로 인도하옵소서. 제가 드리는 간청에 대해 단 한 번 드리는 불입금으로 저의 하나뿐인 찬송을 받아 주시옵소서. 그것은 슬픔입니다. 저의 슬픔과 노동을 드립니다.[2]

〔 〕은 인용자

야누쉬 코르착은 그런 사람이었다. 가진 것이라고는 슬픔과 노동이 전부였던 사람, 그래서 슬픔과 노동을 예물로 드려야 했던 사람이었다. 신학자이자 교육자이며 순교자였던 이 사람의 생애는 그렇게 슬픔과 노동으로 충만했다.

평화는 슬픔을 먹고 피어나는 꽃 같아서 야누쉬 코르착의 평화 행진도 위험하기 짝이 없는 걸음이었다. 1942년 8월 야누쉬 코르착은 자신이 돌보는 200명의 아이들과 함께 바르샤바 북동쪽 트레블링카의 가스 처형실로 보내졌다.

그들의 이야기를 동화로 엮은 《천사들의 행진》[3]은 가스 처형실을 향해 가는 아이들이 놀라지 않도록 배려하는 야

누쉬 코르착의 모습과 아이들의 긴 행렬을 다음과 같이 묘
사한다.

사랑, 평화, 눈물, 소망…. 야누쉬 코르착의 생애를 이루
고 있는 이런 단어들의 뿌리를 찾아 내려가다 보면 그 속에
는 성실하신 하나님의 시간이 흐르고 있는지 모른다. 한 송
이 꽃을 피우기 위해 천둥과 무서리 치는 밤이 필요하듯,
야누쉬 코르착은 홀로 반항하고 반란하며 슬픔에 잠긴 침
묵의 시간을 보냈던 것이다. 그 깊은 시간들 덕분에 그의
아이들은 지옥 같은 감옥으로 가는 길조차 소풍 떠나듯 깔
깔 웃으며 갈 수 있었겠지.

전쟁, 아이들의 지옥

공습을 알리는 사이렌 소리와 '오빠'를 부르던 네 살짜리 귀여운 아이 세츠코의 목소리가 잦아들지 않고 귀에서 웅웅거렸다. 〈반딧불이의 묘〉[4]는 엔딩 자막이 오른 뒤에도 끝내 떨쳐 버릴 수 없는 이런 소리가 귓전에 남아 괴로웠다.

제2차 세계대전이 종전을 향해 달려갈 무렵의 일본은 오래된 제국주의가 어두운 그림자를 드리우고 있었다. 그 잔혹한 전쟁은 어이없게도 전쟁에 대해 어떤 책임도 물을 수 없는 어린아이들, 세츠코와 세츠코의 오빠 세이타에게 깊은 상처를 남겼다. 엄마를 잃고 아빠를 전쟁터에 보낸 아이들은 친척으로부터도 외면당한 채 의지할 데 없는 고아로 내버려졌다.

열네 살짜리 아이의 눈으로 어린 동생이 굶어 죽어 가는 모습을 지켜보아야 하는 세상은 잔인하다 못해 지옥이다.

그렇게 동생의 죽음을 목격해 버린 세이타는 이제 자신의 죽음까지 똑똑히 목격하고자 한다.

"소화昭和 20년 9월 21일 밤, 나는 죽었다." 아이는 평화가 사라져 버린 세상과, 사람의 온기가 사라져 버린 세상에 대하여, 그리고 누가 이기고 누가 졌으며 그것이 어떤 결과를 가져왔는지에 대해 증언하려는 듯하다. '자 똑똑히 보라' 말한다. 잊어서는 안 될 이야기, 잊을 수 없는 이야기를, 세이타는 그것을 명료히 기록하려 한다.

세츠코와 세이타의 슬픔은, 그들의 아버지의 나라가 저지른 전쟁의 범죄 때문에 고통받은 한반도의 여느 아이들과 다르지 않다. 숱한 전쟁 속에서 부모와 형제가 쓰러져 가는 모습을 슬픈 눈으로 지켜보아야 했던, 세상의 모든 아이들이 가진 눈동자와도 다르지 않다.

아무리 많은 세월이 흘렀다 해도 결코 변색되어서는 안 될 기억이 있다. 평화가 사라진 세상이다. 그리고 전쟁은 그 중에서도 최악이다. 그러므로 수많은 세츠코와 세이타의 눈물을 기억하는 것이야말로 역사의 정신이고, 하늘의 뜻이다.

평화, 하늘을 향한 눈물

박노해 시인이 자신의 카메라에 담은 파슈툰 아이들의 얼굴을 본다. 파슈툰 족은 원래 아프가니스탄과 파키스탄에 걸친 광대한 영토에서 씨 뿌리고 양을 치며 살아온 종족이었다. 그러나 10년 넘게 계속된 전쟁을 경험한 이곳 아이들은 눈빛부터가 다르다.

시인은 "한 생에 겪을 고통과 비극을 다 보아 버린 눈동자"라고 표현했다. 시인은 아이들을 안아 준다. 그러자 아이들의 눈에서 만년설산이 녹아 내리듯 뜨거운 눈물이 흐른다. 한 번만이라도 아이들의 웃는 모습과 소리 내어 우는 모습이 보고 싶었다. 시인은 "눈물 젖은 아이들의 눈동자에서 나는 신을 본다"고 고백했다.[5]

슬픔이 그렁그렁한 사진 속 아이들 눈망울에는 정말이지 하나님의 눈물이 담겨 있다. 평화, 그 오래된 인류의 갈망이 아이들의 눈망울에 담겨 출렁인다. 그러고 보면 평화는 모든 사람의 언어일 수 없다. 그것은 '평화를 잃어버린 사람들'의 소망이다. 가해자가 피해자 코스프레를 하는 순간 가해자와 피해자의 경계는 허물어진다. 그래서 평화를 누리는 사람들이 평화를 말하는 순간 절박하게 평화를 갈구하는 사람들의 평화는 더 멀어질 수 있다고, 누군가 말했다. 옳다.

슬픈 역사를 가진 히브리인들의 인사 '샬롬' 또한 하나님의 평화를 기원하는 오래된 소망이다. 수많은 세월 동안 간절히 염원하며 기다렸으나, 어쩌면 이 땅에서는 샬롬의 세상이 끝내 이루어지지 않을지도 모른다. 우리는 어느새 이런 절망에 익숙해졌다. 우리가 샬롬이라고 인사할 때, 거기에는 오래되어 낡아 버린 인류의 갈망이 바람처럼 웅웅 운다. 하나님께로 향하는 간절한 기도처럼.

평화의 증인으로 살아가기

　9·11테러가 발생한 지 2년이 지난 어느 봄날, 미국은 이라크의 대량살상무기 제거를 명목으로 대대적인 공습을 단행했다. 훗날 인류사에서 가장 불의한 전쟁들 가운데 하나로 판명된 이라크전쟁은 그렇게 슬픈 막을 올렸다. 평화 운동가이자 평화 여행가인 임영신 씨를 만난 건 전쟁이 난 그 이듬해의 늦가을 무렵이었다.

　연합국의 첫 공습이 시작되기 며칠 전 세계의 평화 운동가들이 바그다드에 모여 인간 띠를 이으며 전쟁을 반대했다. 그렇게도 간절한 평화의 소망들이 울려 퍼지는 자리에 임영신 씨도 함께 있었다. 최후통첩 시각이 지나갈 무렵, 이라크의 슬픈 어머니들은 그녀에게 돌아가도록 설득했다. 그녀는 어린아이들을 집에 남겨둔 채 이라크까지 달려와 있었다. 누군가는 그녀에게 제정신이냐고 꾸짖었으나 그녀는 어쩌면 내 아이를 지키고자, 죽음에 던져질 이라크의 아이들 곁으로 온 셈이었다. 이라크의 어머니들이 그녀의 마음을 어루만지며 눈물로 그녀를 보내 주었다. 임영신 씨는 후일을 약속하며 슬픈 이별을 나눈 뒤 이른 새벽 바그다드를 떠났다. 비행기가 이라크 국경을 넘어설 무렵 바그다드 폭격 소식이 들렸다.

세상의 가장 잔인한 아침이 밝아오던 그 시각, 그녀는 바그다드에서 만난 아이들과 아이들의 어머니를 떠올리며 기도했다.

"하나님 살려 주세요, 지켜 주세요, 부디 이 전쟁을 막아 주세요."

울부짖었다. 바로 그 순간이었다. 그녀의 머릿속에서 환상이 그려졌다. 하나님이었다. 그분이 굵고 뜨거운 눈물을 흘리며 바그다드, 곧 폭격이 계속되는 그 죽음의 땅으로 뚜벅뚜벅 걸어 들어가고 있었다. 그분의 얼굴을 보았다. 마치 이라크의 슬픈 어머니들 같았다. 아이들을 잃고, 두려워 떨면서, 분노했다. 그렇게 일그러진 하나님의 표정이 또렷하게 보였다.

임영신 씨를 만났을 때, 그러니까 이라크전쟁 발발 이후 1년 하고도 8개월이 지나는 동안, 그녀는 온라인과 오프라인으로 '이라크 평화네트워크'를 구축했고, 언제 떠날지 모를 바그다드 행 짐을 꾸리고 풀기를 거듭했다. 떠날 때마다 죽음을 각오해야 하는 이라크 행 여행을 이미 세 차례 다녀왔다. CNN 뉴스 속에는 그녀가 거닐던 거리와, 그녀가 만난 아이들의 까만 눈동자가 폐허로 변해 버린 땅에서 흐느끼고 있었다. 엄마를 잃은 아이들과 아이를 잃어버린 엄마들을 볼 때마다 날카로운 것에 가슴을 베이는 고통이 그녀를 아프게 했다.

그때마다 기록하고 기억했다. 전쟁의 포화 속에 사라져 간 모든 것들, 수많은 생명이 초롱초롱한 눈망울을 반짝이며 웃던 모습, 그들이 흘린 눈물, 눈물 속에 담긴 고통과 원망과 소망들 하나하나까지…. 바그다드 모술 쿠르드에서 무슨 일이 일어났는지, 그곳의 먼지 한 점과 바람 한 줌까지 기록하고, 자신의 영혼에 담고, 그 참혹함을 함께 살아가는 지구촌의 수많은 사람들과 나누고자 했다.

그녀의 기록과 기억은 결코 삭제되어서도 안 되고, 사라져서도 안 되었다. 그것은 고스란히 진실의 자리로 가져가야 하며, 역사의 법정에서 그 사실을 증거해야 하며, 나아가 하나님의 심판대 앞에 세워야 했다. 그것이 곧 이라크에서 헤어진 슬픈 어머니들과의 약속이었다. 진실을 목격한 사람은 평화의 증인으로 살아야 한다는 것을, 그날 새벽 그녀는 사명처럼 새겨 버렸다.

진실은 거짓의 안개가 걷히고 난 뒤에야 선명하게 드러날 것이다. 평화의 아침이 밝아 옴으로써, 평화를 갈구하며 죽어 간 이들의 뼈아픈 눈물은 비로소 헛되지 않을 것이다. 평화의 제물이 되어 스러져 간 수많은 사람들의 넋은 결국 평화를 누리는 이들의 웃음으로써 보상받는 것이다.

그녀의 싸움은 그러므로 하나님이 부탁하신 지상 명령인 셈이었다.

소망 둘

,

그리움, 영혼에 스미는 마음

그리움이라는 중력은 영혼처럼 신비한 어떤 마음이다.
그렇기에 우리가 규정하고 이해하는 온갖 틀을 벗어나
신비로이 시공간을 자유롭게 운동한다.
물리학 교과서가 아직 그리움의 중력을 증명하지 못한 까닭도,
그것이 영혼이라는 공간에서 활동하는 힘이기 때문일 게다.
그 결과 우리는 그리움의 힘을 기적이라는 테두리에 가둬
괄호 밖에 내버려 두는 잘못을 자주 범하고 만다.
아마도 우리가 살아온 세상이란 게 절절한 그리움조차 부식시키고
깎아먹어야만 버틸 수 있을 만큼 모질고 일그러진 까닭이겠지.

저렇게 흐드러진 벚꽃들 속에서

사랑하는 어린 딸 카나코를 떠나보낸 엄마는 그토록 예쁘고 귀엽고 깜찍하던 딸 카나코가 교통사고로 한순간에 사라져 버렸다는 사실을 도무지 믿을 수 없다. 어떻게 그 모든 것이 순식간에 사라져 버릴 수 있다는 말인가.

딸을 떠나보낸 애틋한 엄마의 시간을 그려 낸 영화 〈벚꽃, 다시 한 번 카나코〉[1] 이야기다.

그리움은 사무치고, 엄마의 모든 시간은 헝클어져 버렸다. 그러던 어느 봄, 벚꽃이 가득 피던 날에 슬픈 엄마에게로 카나코가 돌아온다. 누군가의 사랑스런 아이로 다시 태어난 카나코는 엄마를 기억한다. 엄마는 그제야 고통을 내려놓는다. 엄마에게 가장 큰 두려움과 억울함의 실체는 한 생명이 한순간에 어디론가 사라져 버렸다는 사실이었다. 그래서 카나코가 어디론가 사라지지 않았다는 사실만으로 엄마는 그리움과 두려움으로부터 위로받을 수 있었다.

사랑하는 이의 죽음을 받아들이는 일은 단순한 이별의 슬픔이 아닌, 존재 그 자체가 지워져 버리는 슬픔을 감수하는 일이다. 사라지거나 지워지지 않고 어딘가에서 꽃처럼 활짝 피어날 것이라는 믿음만이라도 가질 수 있다면 우리의 슬픔은 그 무게가 훨씬 가벼울 것이다.

그래서인지 모른다. 해마다 봄이 오고, 다시 꽃이 피어나는 까닭은…. 흐드러지게 핀 벚꽃을 보면서 카나코를 기억하듯, 우리는 봄날의 꽃비를 맞으며 헤어지거나 사라져 간 이들과 재회하는지 모른다. 봄날의 꽃들이 그렇게도 반갑고, 때로는 슬프도록 아름다운 까닭도 그래서인지 모른다. 그리움이 간절할수록 더욱더욱….

벚꽃이 흐드러지게 피는 봄날, 가만히 귀 기울여 보자. 그러면 이별한 이들의 반가운 목소리가 들릴 것이다. '안녕' 하고 인사하면, 비로소 아프고 그리움에 얼어붙었던 모든 시간이 녹아내릴 것이다. 그렇게 아픔이 되어 버린 그리움을 놓아준 뒤에야 우리는 세상의 모든 낯선 이들을 따뜻하게 환대할 수 있지 않을까. 그들에게서 그리운 모든 사람들, 내 딸, 나의 아내, 나의 어머니의 향기를 맡을 수 있을 테니까. 그렇다. 그리움이 진 자리마다 꽃처럼 그리움은 부활하고, 우주의 비밀이 거기서 살며시 고개를 내민다.

모든 사랑은 하늘의 마음이어서…

대학 시절, 성경을 가르치던 한 선배로부터 사랑이란 단어가 세 가지로 나뉜다는 말을 들었다. 에로스Eros, 필리아Philia, 아가페Agape. 선배는 이를 단계로 구분하여 설명했다. 에로스는 본능에 가까운 사랑으로 가장 낮은 단계이고, 그다음은 필리아인데 정신적이고 인격적인 사랑을 의미하며, 가장 높은 단계의 진정한 사랑은 아가페인데 하나님의 은총을 의미한다고 했다. 나는 그 후로 이 사랑의 분류에 따라 사랑을 '차별'했다.

그러다 언젠가부터 그 경계가 흐려졌다. 이제는 어렴풋이 깨닫는다. 사랑이란 이 셋을, 아니 더 많은 갈래로 나누더라도 그 모든 마음을 함께 품고 있을지 모른다고. 하위 단계라 비루하고 상위 단계라 고상한 게 아니라, 사랑이라는 여러 대상을 두고 그렇게 여러 가지의 색으로 피어날 뿐이다. 그리고 모든 사랑은 사랑 그 자체이신 하나님으로부터 비롯된다는 사실을 알았다.

그래서인지 사랑 이야기는 늘 가슴 설렌다. 그중 어떤 사랑은 봄이나 가을이면 바람처럼 불어와 꽃이 피고 낙엽이 지는 일처럼 옷깃을 여미게 했다. 고전이 되어 버린 드라마 〈허준〉[2]에서 예진 아씨의 짝사랑은 더욱 그러했다.

64부작 드라마의 종영에 다다르면 예진 아씨가 끝내 허준의 곁을 떠나야 하는 상황이 온다. 허준을 정략적으로 제거하고자 하는 배후의 음모로 내의녀 예진이 어의 허준과 궐에서 14년 동안 정분을 나누었다는 추문이 돈 것이다. 임금이 예진을 불러 자초지종을 듣고자 할 때 예진은 평생 간직해 온 오래된 마음의 끈 하나를 풀어 놓는다. 예진의 목소리는 떨린다.

"전하. 제 아비는 의원이었습니다. 침통 하나를 들고 팔도를 유랑하며 병자를 돌보던 제 아비가 역병으로 객사한 뒤, 저는 산음 땅의 명의 유의태의 약방에서 유년을 보냈습니다. 제 나이 열아홉이 되던 해에 유의태 문하에 들어온 어의 영감(허준)을 만났습니다. 약초꾼으로서 지리산을 헤매던 시절부터 약방의 창고지기와 병부잡이가 될 때까지 그는 진심으로 병자를 긍휼히 여기는 심의心醫가 되고자 최선을 다하였습니다. 가난한 병자의 환부에 박힌 피고름을 입으로 빠는 일도 서슴지 않았고 남들은 대면하기조차 꺼려하는 대풍창 병자들을 치유하기 위해 그들과 수삼 년을 동고동락하였습니다. 저는 그런 어의 영감을 이날까지 제 심중에 두고 살았습니다. 진심으로 존경하고 사모하였습니다. 하오나 전하, 어의 영감을 향한 제 마음은 그저 같은 하늘 아래 그분과 함께 살아갈 수 있다는 것만으로 천행이라 생각할 뿐이었습니다. 어의 영감은 죽음도 불사하고 신분을 초월한 사랑을 하였습니다. 어의 영감의 안사람 또한 어의 영감을 위해 감히 저 같은 사람은 꿈도 못 꿀 인고의 삶을 살아왔습니다. 어찌 제가 그 두 사람의 지고지순한 사랑을 욕되게 하겠습니까? 전하, 저는 진심으로 어의 영감을 존경하고 사모하지만 이는 평생 가슴속에만 담아 두고 살 마음입니다. 이런 제 마음이 지탄의 대상이 된다 하시면 저는 기꺼이 그 죄를 받을 것이나 어의 영감에게 추문이 있다 하시면 당치 않으십니다. 통촉하여 주옵소서."

동영상을 여러 번 되돌려 얻어 낸 이 대사는 거듭 읽을수록 아름답다. 예진은 이제 허준 곁을 떠나기로 마음먹고, 상화라는 젊은 의원에게 허 의원의 뒷바라지를 부탁한다. 그러면서 허준을 향해 품어 온 사랑의 시간을, 당나라 시인의 시를 빌려 이야기한다.

"옛 시에 이런 구절이 있다. '여덟 살 때 거울을 몰래 들여다보고 눈썹을 길게 그렸어요. 열 살 때 연꽃 수놓은 옷을 입고 나물 캐러 다니는 게 좋았어요. 열두 살 때 거문고를 배웠어요. 은갑을 손에서 놓지 않았어요. 열네 살 때 왠지 남자들이 부끄러워 곧잘 부모 뒤에 숨었어요. 열다섯 살 때 봄이 까닭 없이 슬펐어요. 그래서 그넷줄 잡은 채 얼굴 돌려 울었지요.' 이상은이라는 당나라 사람이 쓴 시란다. 옛날 어느 봄날에 어떤 분을 본 후로는 난 까닭 없이 봄이 슬펐다. 늘 그분만 생각하면 가슴이 아렸어."

드라마 〈소금인형〉[3] 여자 주인공 역시 그러한 슬픈 사랑을 한다. 내겐 두 드라마의 경계가 흐릿할 정도로 그녀의 사랑이 겹쳐져 연상됐다.

〈소금인형〉은 류시화의 시 〈소금인형〉에서 가져온 타이틀이다. 그 시는 "당신의 깊이를 재기 위해 당신의 피 속으로 뛰어든 나는 소금인형처럼 흔적도 없이 녹아 버렸"노라고 노래한다.

드라마 〈소금인형〉에서 소영의 사랑도 그렇다. 시 속의 소금인형처럼 자신을 바다에 던져 녹임으로써 사랑하는 사람을 지켜 내는 것이다. 보내 주고, 떠나 주며, 시간이 흐른 뒤 비로소 돌아올 진심을 기다리는 비련의 사랑이다. 소영은 생사의 기로에 선 남편의 수술비를 마련하고자 자신을 짝사랑한 남자와 동침한다. 이런 아내의 사랑을 뼛속 깊이 느끼면서도 아내를 사랑으로 포용할 수 없는 남편을 향해 소영은 끝내 소금인형이 된다.

세상의 많은 사랑은 〈허준〉의 예진 아씨나, 〈소금인형〉의 소영의 사랑처럼 타오르고 사라져 간다.

한 사내를 사랑한 이유로 아버지와 부족을 배신하고 자명고를 찢은 낙랑의 한 여인네가 한 사랑도 그러했고, 앞을 못 보는 남편을 지키기 위해 제 얼굴을 기와로 긁어 추녀가 되어 버린 백제의 한 여인네가 한 사랑도 그러했다.[4]

그것이 전쟁과 지배자들의 폭력과 욕망의 무법천지를 살아온 인류의 역사에서조차 어떻게든 남기고 싶어 했던 슬픈 사랑의 사연들이다. 이 아련하고, 잔인하고, 아픈, 이 땅의 모든 사랑은 어떻게 또 누구로부터 위로받아야 할까?

파두가 전해 주는 숙명과 사랑에 대하여

‘파두Fado’는 포르투갈 민중들의 애환과 슬픈 사랑의 운명을 노래하는 음악이다. 슬프게도 파두는 거역할 수 없는 사랑의 숙명을 굳이 거스르지 않고 받아들인다. ‘숙명’이라는 어원을 가진 파두는 사랑의 절망을 노래하지만, 파두의 진정한 힘은 삶에 대한 순종을 통해 그 사랑을 평생토록 가슴에 품고 가려는 더 깊은 의지이다.

파두를 노래하는 포르투갈의 국민 가수 아말리아 로드리게스Amalia Rodrigues. 내게는 그녀가 아르헨티나의 메르세데스 소사Mercedes Sosa나, 중국의 등려군鄧麗君, 프랑스의 에디트 피아프Edith Piaf 같은 여인으로 와 닿는다.

1920년 리스본에서 가난한 트럼펫 연주자의 딸로 태어나, 어려서부터 행상과 탱고 댄서로 거리에서 춤과 노래를 연주한 그녀는, 열일곱 살 때부터 가수의 길에 들어섰다. 무

엇보다 1954년 프랑스 영화 〈과거를 가진 애정〉에 출연하
면서 세계적인 가수로 발돋움하였다. 검은 옷에 검은 숄을
두르고 〈검은 돛배〉[5]를 부르는 그녀의 모습은 영화를 본
그 시대 남성들의 로망이었다.

아침에 내가 추한 얼굴로 있으면

모두들 두려워했지

눈을 뜨면 난 해변에 쓰러져 있었으니까

그러면 그대는 내게로 와서 눈인사를 하였지

순간 내 맘속으로 한줄기 빛이 비쳤어

그리고 바위와 십자가를 보았다

당신이 탄 검은 돛배는 밝은 불빛 속에서 너울거리고

당신의 그 두 팔은 지쳐서 흩어지는 것 같았다

바로 당신이 그 뱃전에서

나에게 손짓하고 있는 것을 보았다

그러나 바닷가의 노파들은 말한다

당신이 영원히 돌아오지 않을 것이라고

미친 여자들이야

미친 여자들이야

나의 사랑은 내가 안다

그대는 결코 떠나지 않았다는 걸

사람들은 말하지

그대가 늘 나와 함께 있다고

바람이 불면 강물은 유리구슬처럼 빛나고

깜빡이는 불빛이 물 위에서 노래한다

배는 나뭇잎처럼 흔들리고

따사로운 달빛처럼 내 가슴엔 그대가 있네

그대는 내 사랑인 걸

〈검은 돛배〉는 가슴 깊은 데로 파고드는 아말리아 로드리게스의 애절한 음색과 처연한 비탄을 절절히 느낄 수 있는 파두의 명곡이다.

그녀는 죽기 전에 이렇게 말한다. "우리가 결코 마주하고 싸울 수 없는 존재가 있음을 아는 것이 파두의 존재 의미다. 왜냐고 물어도 그 이유를 알 수 없지만, 묻지 않을 수 없는 일들이 파두의 가사에 녹아 있다."

사랑과 그리움에 지쳐 버린 슬픔을 오래 담아 둔 채 살다 보면 운명이란 것의 정체도 드러날지 모른다. 숙명과 절망 속의 사랑을 오래 노래해서일까. 그녀의 노래에는 슬픔이라는 감정 그 이상의 무엇이 느껴진다. 용기이거나, 더 크고 오랜 싸움의 다짐 같은…. 언젠가 포르투갈에 가면 바다가 보이는 카페에 앉아 아말리아 로드리게스의 파두를 듣고 싶다.

별처럼   그리워하다

사토시, 카린, 유지. 셋은 어렸을 적 함께 시간을 보낸 소
중한 친구였다. 이런저런 이유로 뿔뿔이 흩어진 세 사람은
13년이 지나 다시 만난다. 사토시의 아버지는 세 사람의 재
회가 '우연'이 아니라 '운명'이었음을 알려 준다.

"이 세상에는 말이다. 물리학 교과서에도 없는 강한 힘이 작
용하고 있단다. 그 힘은 아무리 멀리 떨어져 있어도, 또 아무
리 시간이 오래 흘러도 결코 약해지지 않는다. 너희에게는
그 힘이 서로를 끌어당기고 있었고, 그래서 13년이 지난 지
금 다시 만나게 된 것이란다."

영화 〈그때는 그에게 안부 전해 줘〉[6]는 이 한 마디를 강
렬하게 남겨 주었다.

그러니까 세 사람은 마치 반짝반짝 빛나는 작은 별들 같아서, 모든 별이 그렇듯 저마다의 중력으로 서로를 끌어당기고, 마침내 13년의 공전과 끌어당김 끝에 만남으로 이어진 셈이었다. 세 사람이 서로를 끌어당기는 힘, 곧 중력이라는 그 힘의 정체는 '그리움'이다. 그리움은 보이지 않는 힘이지만 중력처럼 반드시 존재하는 힘이어서 그리워하는 사람들은 어떻게든 결국 서로에게로 향하게 마련이다. 그것이 영화 〈그때는 그에게 안부 전해 줘〉가 전하려는 말이다.

그리움이라는 중력은 영혼처럼 신비한 어떤 마음이다. 그렇기에 우리가 규정하고 이해하는 온갖 틀을 벗어나 신비로이 시공간을 자유롭게 운동한다. 물리학 교과서가 아직 그리움의 중력을 증명하지 못한 까닭도, 그것이 영혼이라는 공간에서 활동하는 힘이기 때문일 게다. 그 결과 우리는 그리움의 힘을 기적이라는 테두리에 가둬 괄호 밖에 내버려 두는 잘못을 자주 범하고 만다. 아마도 우리가 살아온 세상이란 게 절절한 그리움조차 부식시키고 갉아먹어야만 버틸 수 있을 만큼 모질고 일그러진 까닭이겠지.

그리움이라는 마음에 별 하나의 반짝임과 별 하나의 힘이 있다는 사실을 깨달을 수만 있다면 우리의 시간은 지금보다 훨씬 따뜻하고 설렐 텐데.

군청, 그리움의 짙푸름

작가 김랑은 크로아티아를 여행하고 쓴 《크로아티아 블루》[7]에서 멋진 말을 해주었다.

'푸름'에는 색깔만큼 셀 수 없는 감정들이 담겨 있어, 크로아티아 바다의 푸름을 분석하면 거기에는 "풋풋한 사랑이 있고, 햇살 같은 웃음과 위안이 있고, 바다 같은 그리움이 있고, 부서지는 파도 같은 아픔이 있으며, 짜디짠 슬픔도 있다"고.

영화 〈군청, 사랑이 물든 바다의 색〉[8]에서 나카가와 요스케 감독이 그려 낸 푸른 군청의 슬픔과 눈물과 사랑도 어쩌면 크로아티아 블루처럼 짜디짤 것이다.

일본 남쪽 어느 섬마을에서 나고 자란 젊은이들에게 군청이라는 바다의 색은 두렵고도 치명적인 아름다움을 담은 색이다. 그들은 저마다 군청색 바다처럼 짙고 아득한 그리움의 사연들을 지니고 살아간다. 그것은 여기 이 땅에서 다 설명하고 납득시킬 수 없는 어떤 것들이다. 그래서 그들의 그리움은 이 땅 아닌, 저 멀고 먼 다른 세계의 도움을 받아서라도 끝내 만나야 할 만큼 간절하다.

하도 간절해서일까? 사랑이 물든 바다의 색 군청은 인간을 한없이 신비로운 시간과 공간으로 데려간다. 군청의 바다에서 군청의 색으로 물들어 버린 젊은이들이 짙고 푸른 그리움 속을 유영한다. 그곳에서 젊은이들은 이 땅의 경계로부터 해방되어 자유로이 넘실댄다.

그러나 우리는 군청의 짙푸른 사연들을 누르고 묻어 삭제해 버린 채 웃으며 살아간다. 마치 우리 마음은 군청의 물속에 담그더라도 결코 물들지 않을 것처럼, 반질반질하게 유약을 칠한 듯하다. 그렇게 사랑과 그리움이 스며들지 않는 방수제 마음을 가져 버린 우리. 그런 마음을 가진 세상이란 온통 사랑과 그리움의 무덤 같다.

착각이다. 우리가 그토록 속이고 숨겨 온 우리 마음에도, 실은 군청이 물든 바다가 출렁거린다. 어느 인적 없는 골짜기에서 눈처럼 녹아 버리거나, 동백처럼 시들지도 않은 채 뚝뚝 떨어져 버리더라도, 그 모든 사랑의 사연은 언젠가 눈물을 머금고 또 이름 모를 꽃이 되어 피어날 것이다.

류시화의 시 〈모란의 연戀〉에서 "당신으로 인해 스무 날

하고도 몇 날 불탄 적이 있다”는 고백처럼 그리움이 짙어지면 붉은 목숨으로 피어나게 된다. 우리 가운데 절절한 사연 하나둘 품지 않고 여기까지 살아온 이 누구일까. 그러니 모든 봄날에, 산천마다 흐드러진 그 많은 꽃들은 어쩌면 제각각 누군가의 눈물 같은 그리움의 사연들을 알리고자 저리도 곱게 피어나는 것이리라. 그 꽃을 보고 있노라면 오히려 가슴 한편으로 눈물이 고이는 까닭도 그래서겠지.

그런데 하물며 산천으로 나부끼는 이 마음을 사람을 짓고 마음을 지은 그분이 모르신다는 게, 그게 말이나 될까?

소망 셋

,

큰사랑의 꿈 '아름다운 집'

누군가는 아들에게 십자가를 지도록 내버려 둔
하늘 아버지를 향해 잔인한 아비라며 손가락질할지 모른다.
왜 아니 그렇겠는가.
하지만 나는 당신의 아들과 함께 기꺼이 두려움을 이겨 내며,
용기 있게 한 걸음씩 나아가시는 하나님의 고집을
알게 되면서부터 그저 묵묵히 지켜보기로 한다.
당신의 고집이 굳셀수록 아름다운 집을 짓고자 하시는 뜻 또한 굳센 법이니까.

'아름다운 집'의 서돌

　우리는 인류의 역사를 통해 지구 곳곳에서 전쟁과 착취로 얼룩진 고통의 시간들을 마주한다. 그리고 또 한편에선 이 지긋지긋한 시간을 살아가면서도, 모든 사람이 행복하게 살아갈 세상을 만들고자 자신의 삶을 바치는 사람들과 만난다. 일한 만큼 누리는 것은 물론이고, 일하지 못해 핍진한 누군가에게는 자비를 베풀며 살아가는 게 마땅하다 여기는 사람들로의 세상, 그런 아름다운 세상을 만들고자 애쓴 이들의 발자취와도 만난다.

　'아름다운 집'이란 바로 그런 사람들이 꿈꾸어 온 세상을 일컫는 보통명사다. 그리고 이런 '아름다운 집'에 쓰일 하나의 '서돌'로 살아가려는 마음을 가진 사람이 있다. '서돌'이란 집 짓는 데 쓰는 중요한 재료다. 서돌은 구태여 주춧돌만을 말하는 게 아니라 집을 짓는 데 사용되는 모든 재료로서 그것이 무엇이든 나름의 가치를 갖는다. 손이 발에게 '넌 천해'라고 할 수 없듯이.

1980년대 캠퍼스가 온통 민주화 운동의 현장으로 물들었던 시대에는 '아름다운 집'의 서돌로 자신을 송두리째 내던지는 젊은이들이 곳곳에 가득했다. 내 기억 속의 어느 학우도 제 몸을 불태우며 "민주주의 만세!"를 외쳤다. 학교 인근 병원에서 그의 목숨이 꺼져 가던 시각, 나는 만감에 짓눌려 몸서리쳤다.

그때 나는 어렴풋이 내 안에서 무엇인가 뜨겁게 솟구치던 어떤 마음, 아니 갈망이라고 부르는 게 더 합당한 뜨거운 무엇에 사로잡혔다. 그것은 바로 '당신이 계셔야 한다'는, 어떤 당위론이었다. 그분이 오늘 이 땅에서 일어나는, 지옥 같은 사건들을 보고 듣고 기억해 주셔야 한다고, 나는 믿어 버렸다. 그분이 존재하지 않는 어떤 시간도 용납할 수 없었다. 차라리 그분이 사라진 세상이라면 나도 사라져 버리는 게 쉬울 것 같았다.

오이쿠메네 ― '아버지의 집'

에큐메니즘Ecumenism은 그리스어 '오이쿠메네οικουμενη'에서 온 말이다. 흔히 에큐메니칼 운동이라고 할 때 우리는 이 단어를 쉽게 '교회 일치'라는 좁은 의미로만 이해하는 잘못을 범한다.

연합이나 통일이라는 단어로 바꾸면 의미는 한층 세속화되어 별 뜻 없이 말하게 되어 버린다. 특히 '통일'이라고 말할 때, 우리는 자기 자신도 모르는 전제 하나를 숨기고 있다. 그것은 '꼭 나처럼' 하나로 만들어야 한다는 오만이다. 나와 다른 것이 나와 같아야 한다는 생각, 빨강은 빨강으로 파랑은 파랑으로 초록은 초록으로 하나 되어야 한다는 전제가 도사리고 있다.

천만의 말씀이다. 하나 됨이란 다른 모든 것을 불 질러 없애고 나와 똑같이 만드는 게 아니라, 그 수많은 다름을 인정함으로써 한자리에 앉는 일이다. 그 누구도 내게 적이 아님을 믿고서야 한자리에 앉을 수 있으니, 하나 된다는 건 곧 그 다름으로 막힌 높은 담들을 헐어 낼 때야 비로소 이뤄진다. 이를 이르는 말이 관용이고 똘레랑스tolérance이며 견딤이다. 하나 되는 일은 상대의 '다름'을 인정하고 견디는 일이다.

'사랑'이라는 단어는 매우 넓은 뜻으로 사용되어서 차라리 '공허'하기까지 하다. 내가 본 사랑의 구체적인 의미는, 비록 나와 다른 사람이라도 한자리에 앉기 위해 그 다름을 인정하고 견디는 일이다. 이것 없는 하나 됨은 죽이고 없애는 일이기에 지옥이나 다름없다. 그러고 보면 욥기 41장의 괴물 곧 리바이어던리워야단은 어쩌면 우리 안의 지옥, 곧 다른 사람을 나처럼 만들고야 말겠다는 독한 폭력의 도가니를 의미하는지 모른다. 괴물 저편에 사랑이 있다. 그러므로 욥기 41장의 대조는 고린도전서 13장이다.

그러니 '오이쿠메네' 곧 '온 세상'으로 번역되는 이 그리스어의 본래 뜻은 단순히 표면적인 '온 세상' 정도로는 오해의 소지가 있다. 내게는 이 말이 '아버지의 집'이라는 뜻으로 다가온다. 성경에서 예수님이 비유로 일러 주신, 탕자를 기다리던 그 아버지의 집 말이다. 아버지의 집은 다른 말로는 하나님의 통치 아래 만유가 하나 되는 세상, 동양의 철학에서 말하던 그 대동大同의 세상, 참 유토피아인 셈이다. 그리고 이를 아우르는 말이 '아름다운 집'이다.

아버지의 집 곧 오이쿠메네는 아버지의 통치가 있는 특별한 나라다. 사람들이 생각하는 그 괴물 같은 국가 '리바이어던'이 아니다. 인간의 권력, 권위, 착취, 억압…, 그 모든 괴물의 세계가 통치하는 나라 저편에 아버지의 집, 오이쿠메네가 있다. 하나님의 교회는 바로 이 집을 짓고자 먼 시간 여기까지 걸어온 게 아닐까.

예수님은 "천국 복음이 모든 민족에게 증언되기 위하여 '온 세상' 곧 '오이쿠메네'에 전파되리니 그제야 끝이 오리라" 예언하셨다. 여기서 '온 세상'으로 번역된 오이쿠메네는 야만의 '리바이어던'이 '아름다운 집'으로 뒤바뀌는, 그 변화의 역동성을 가진 공간으로 들린다. 그래야만 모든 민족이 비로소 복음의 증언을 믿게 된다.

그리 보면 주님의 지상 명령이란 다름 아닌 아버지의 나라, '아름다운 집'을 향해 가는 모든 노력을 의미하는 것인지 모른다. 나는 그 길에서 서돌이 되고자 한 사람들, 아름다운 집의 아름다운 사람들과 만났다. 그들에게서 하나님의 마음을 보고, 교회의 길을 깨달았다.

세상에서 가장 짧은 영원한 만남

1975년 4월 8일 대법원은 인혁당 곧 '인민혁명당'이라는 사회주의 정당을 재건하려 했다는 혐의로 기소된 23명의 젊은이들을 대상으로 최종 판결을 내렸다. 이들 중 이미 고법에서 사형이 선고된 8명에 대해서는 원심을 그대로 확정했으며, 판결 후 24시간도 지나지 않은 이튿날 새벽 8명 전원에게 전격적으로 사형을 집행했다. 국제법학자협회는 이 날을 사법 역사상 '암흑의 날'로 규정했다.

그리고 40년 가까운 세월이 흐른 뒤에야 이 판결은 뒤집어졌다. 인혁당 사건에 대한 판결의 재심을 청구해 무죄로 밝혀 낸 김형태 변호사는 그의 책《지상에서 가장 짧은 영원한 만남》에서 인혁당 재건에 나섰다는 거짓 판결로 목숨을 잃은 이수병 씨와 그의 아내가 겪은 슬프고도 기이한 만남에 대해 기록했다.

이수병 씨는 어느 날 갑자기 공안당국에 체포되어 가서 사형이 집행되는 순간까지 가족들과 공식적으로 면회조차 할 수 없었다. 이수병 씨뿐 아니라 인혁당 사건의 모든 피의자들이 그러했다. 아직 서른이 채 안 되었던 이수병 씨의 아내는 남편이 갇혀 있던 서대문구치소로 매일같이 출근했다. 어린 딸은 둘러업고 아들은 걸려서 구치소에 당도한 그의 아내는 문틈으로 안을 들여다보았다. 그렇게 한 번씩 남편이 경찰의 안내를 받으며 이동하는 모습을 보았다.

그리고 대법원 선고를 일주일 남겨 둔 날도 남편이 구치소 마당을 걸어가는 모습이 보였다. 그때 이 젊은 새댁의 처지를 딱하게 여긴 마음 착한 교도관의 배려로 한 1분쯤 남편을 볼 수 있는 기회를 얻었다. 대신 아무 말도 해선 안 되었다. 아는 척도 해서는 안 되었다. 만약에 그러기라도 하면 그 교도관의 목이 달아날 판이었다. 새댁은 그러겠다 약속하는 조건으로 구치소 마당에 들어섰다.

젊은 새댁은 아이를 업고 서 있고 저쪽에서 남편이 변호사를 접견하러 호송 교도관과 함께 마당을 가로질러 왔다. 새댁은 말도 못 붙이고 그저 남편 얼굴을 바라보기만 했다. 눈이 나쁜 이수병은 바짝 다가와서야 처자를 알아보고 깜짝 놀랐다. 어린 딸을 보고는 딱 두 마디 '많이 컸네, 많이 컸네' 했다.

영문을 모르는 호송 교도관은 '어, 집에 있는 애 보고 싶어서
그래?' 하면서 빨리 가자고 독촉을 했고 남편은 웃으며 지나
쳐 갔다. 1분! 세상에서 가장 짧은, 영원한 만남. 일주일 뒤
남편은 형장의 이슬로 사라졌다.[1]

그들이 꾼 꿈은 헌법이 보장하는 민주공화국에서 사람
답게 살려고 한 것뿐이었으나, 그 꿈은 누군가에게는 위험
하고 불령不逞한 것이어서 폭력에 의해 금지되었다. 그 세상
에서, 모든 사람이 사람답게 살아갈 그 '아름다운 집'의 건
설은 마치 계란으로 바위를 치는 일 같아서, 무력한 계란은
바위에 부딪쳐 산산이 깨진 채 사라져 갔다.

세상에 이런 법은 없다 하면서도 그런 세상을 살얼음판
걷듯 살아온 우리다. 그러는 사이 우리는 어렴풋이 깨달아
간다. 역사의 법칙을. 캄캄하여 한 치 앞도 알 수 없는 시각,
끝내 오지 않을 새벽처럼 춥고 어두운 그 시각에도, 하늘은
이 모든 세월을 보고 듣고 기억해 왔다는 사실이다.

나약한 인간의 위대한 용기

오스카 아르눌포 로메로Oscar Arnulfo Romero 주교는 엘살바도르의 독재자 엠베르토General Humberto에 맞서 싸우다 순교했다.

대부분의 독재자들은 불법적으로 권력을 찬탈하고, 그 권력을 유지하는 데 폭력을 합법인 양 동원한다. 자신들의 불법과 죄악을 지적하고 저항하는 민중들을 마치 소와 돼지를 잡듯 도살한다. 때로는 애국을 가장하여 국가의 이름으로 버젓이 범죄를 자행한다. 엘살바도르 군부정권도 그러했다. 그들이 만든 세상은 국민을 지옥으로 몰아넣었다. 이 살벌하고 악랄한 체제에서 송곳처럼 삐져나와 독재 정권의 죄악상을 만천하에 고발한 사람이 엘살바도르 교회의 지도자 로메로 주교였다. 로메로 주교는 억압받는 국민들의 편에 서서 하늘의 목소리를 대변하고자 했다.

그의 강론은 흔들림 없이 독재 정권의 심장부를 향했다.

그것은 곧 하늘의 소리였다. "어떤 군인도 하느님의 뜻에 거스르는 명령에 복종해서는 안 됩니다. 지금이야말로 그대들은 양심을 되찾아 죄악으로 가득한 명령보다는 양심에 따라야 할 때입니다." 그러면서 그는 "하느님의 이름으로, 아울러 날마다 더한 고통을 받아 그 부르짖음이 하늘에 닿은 민중의 이름으로, 나는 그대들에게 부탁하고 요구하고 명령합니다. 탄압을 중지하시오!"[2]라고 호소했다.

모든 악은 자신을 가리고자 악을 더해 가는 속성이 있다. 당장 그들에게 불편한 한 사람의 입만 봉해 버리면 지레 겁을 먹고 움츠러들 것이라 착각한다. 손바닥으로 하늘을 가릴 수 있다는 오만함이다. 나중에는 돌들이 나서서 소리 지를 줄 꿈에도 알지 못한다.

엠베르토 권력의 주구들은 로메로 주교를 겁박하고 위협했다. 이제 유일하게 남은 국민들의 안식처인 성전에 군홧발로 난입하여 그 성스러운 공간을 가르고 기관총을 난사했다. 귀를 찢을 듯한 총소리가 성전의 모든 평화를 쪼개고 파괴한다. 로메로 주교는 그 소리를 뚫고 뚜벅뚜벅 성소를 향해 나아가 박살나 버린 성전의 조각들을 두 손으로 쓸어 모은다. 그때 로메로 주교를 향해 다시 한 번 비 오듯 기관총 소리가 흩어진다. 금속의 폭발음이 떨어지자 산처럼 늠름하던 주교의 얼굴에는 식은땀이 흐르고, 두 눈은 공포에

질려 초점을 잃으며, 거친 호흡이 가빠졌다. 어쩔 수 없는, 나약한 인간으로 돌아온 순간, 그는 다시 떨리는 손으로 어질러진 성전의 파편들을 보듬는다.

나는 순교자들의 얼굴이 하나같이 스데반의 얼굴처럼 평화롭기만 할 줄 알았다. 아무리 권위적인 존재라 해도 죽음의 공포 앞에서는 그렇게 나약한 인간으로 돌아온다는 걸 깜빡 잊고 있었다. 그러나 용기란 두려움을 느끼지 못하는 사람들의 마음이 아니다. 공포와 두려움에 사로잡힌 한 인간이 하나님의 손에 이끌려 순교의 자리까지 나아가는 여정은, 그래서 더욱 위대하다. 아름다운 집은 그런 용기들을 재료 삼아 지어 가는 세상이다.

누군가는 아들에게 십자가를 지도록 내버려 둔 하늘 아버지를 향해 잔인한 아비라며 손가락질할지 모른다. 왜 아니 그렇겠는가. 하지만 나는 당신의 아들과 함께 기꺼이 두려움을 이겨 내며, 용기 있게 한 걸음씩 나아가시는 하나님의 고집을 알게 되면서부터 그저 묵묵히 지켜보기로 한다. 당신의 고집이 굳셀수록 아름다운 집을 짓고자 하시는 뜻 또한 굳센 법이니까.

성공은 정의와 사랑에 기여한다

1979년은 군사 정권이 장기 독재의 길로 들어서는 길목이었고, 세상은 어수선했다. '양민학살'의 현장으로 알려진 거창에서는 그 무렵 거창고등학교 학생들 300여 명이 독재 반대를 부르짖으며 시위를 벌였다. 정보기관의 눈초리가 학교를 주목했고, 주동자 20명의 명단을 제시하며 퇴학시킬 것을 권고했다. 그것은 강압이었다. 거창고등학교 교사들은 오랜 회의 끝에 당국의 강압에 맞서기로 결정했다.

"학생들은 선생들에게서 배운 민주주의와 현실이 맞지 않으니 그리한 것입니다. 게다가 목에 칼이 들어와도 불의와 타협하지 말라 가르친 것은 선생들이니 처벌을 내려야 한다면 선생들을 처벌하십시오."

거창고등학교는 이 일로 이듬해 표적 감사를 받았고 교장이 잠시 파면을 당했다.

1980년 군사독재정권은 다시 광주에서 시민을 학살하고 정권을 잡은 뒤, 정의를 세운다는 명목으로 삼청교육대를 만들면서 학교에 공문을 보내 불량한 학생 셋을 뽑아 보고하도록 지시했다. 삼청교육대에 보낼 명단을 올리라는 뜻이었다. 교사들은 또 밤을 새워 회의한 끝에 아무도 보내지 않기로 결정했다. 거창고는 이미 당국의 눈 밖에 나 있었다. 교사들은 학생들에게 광주에서 무슨 일이 일어나고 있는지 자세히 알려 주었고 정보기관이 이 사실을 이미 수집한 상태였다. 삼청교육대 입소자 명단 제출까지 거부할 경우 학교로서는 이제 폐교를 각오해야 했다.

학생 명단을 보고하면 학교는 살겠지만 교육은 죽을 것이었다. 그러나 선생님들은 먼 훗날을 바라보고 있었다. 교육이 살아 있다면 폐교가 되더라도 다시 학교를 일으킬 수 있으리라는…. 당시 도재원 교감은 이렇게 말했다.

"우리는 보낼 사람이 없습니다, 우리가 다 지도합니다. 아니, 있어도 못 보냅니다. 교육은 전문적인 분야입니다. 법을 전문가가 다루듯 교육도 전문가인 교사가 합니다. 의사가 환자를 아무에게나 맡길 수 없는 것과 같습니다. 사람이란 무력 앞에서 머리를 숙일지 모르지만 그것은 신체를 굴복시키는 것일 뿐 혼을 굴복시킬 수는 없습니다. 물리력으로 그런

혼을 고칠 수 있다는 발상에 동의할 수 없습니다."

그 대가는 혹독했다. 그러나 엄혹하던 그 시절에 거창고 학생들은 참 교사들로부터 교육받는 행복을 누린 셈이었다. 도재원 선생님은 거창고의 역사를 이야기하면서 다음과 같이 덧붙였다. '성공'이라는 말에 대한 나름의 해석이었는데, 나는 그 말을 오래도록 기억했다.

> "성공이라는 말은 정의, 자유, 평등, 사랑을 구현하는 데 삶을 바친 사람들의 생애에 바치는 칭호이다. 아무리 유명해지고, 한 분야의 대가가 되고, 사업에 성공하고, 자기가 어릴 때부터 바라던 자리에 올랐다고 하더라도 그의 삶이 '정의와 사랑'의 사회를 건설하는 데 기여하지 않았다면 그는 결코 성공한 삶을 산 사람이 아니다."

선생님은 세상의 수많은 거짓 성공들에 대해 명확한 잣대를 두고자 했고, 거창고에서는 교사들을 비롯해 여러 스승들이 그런 훈도를 실천하고자 노력했다. 그렇게 성공한 서돌의 삶을 통해 아름다운 집은 지어져 왔고, 역사는 그들이 놓은 다리를 밟고서야 한 걸음씩 진보할 수 있었다.
역사는 누군가의 진정한 행함을 통해 성공하는 셈이다.

‘레미제라블’을 향한 복음

미리엘 주교는 임명된 뒤 사흘 만에 주교관을 자선병원 건물과 맞바꿨다. 보잘것없는 2층 건물의 자선병원은 대여섯 개의 조그만 방을 스물여섯 명이 복잡하고 불편하게 사용한 반면, 예순 명이 들어갈 만한 대저택 공간의 주교관은 단 세 사람이 차지하고 있었다. 부조리했다.

그러나 그가 이곳에 오기까지 어떤 주교도 이런 부조리를 언급하거나 바로잡지 않았다.

미리엘 주교는 자신이 받은 사례비 중에서 15분의 1만 자신을 위해 사용했다. 나머지는 교회와 가난한 이들을 위해 썼다. 사례비 외에 다른 용도로 주교의 손에 들어온 돈도 있었다. 이 돈은 자선병원의 환자들과 거리의 아이들을 위해 남김없이 썼다. 그의 동선은 한결같았다. 돈이 있는 동안에는 가난한 사람들을 찾고, 돈이 떨어지면 부자들을 찾았다. 그는 빈털터리일 때가 많았고, 더 이상 줄 것이 없을 때는 입고 있던 옷이라도 벗어 주었다.

빅토르 위고의 《레미제라블》[3]에 등장하는 이 사람, 샤를르 프랑수와 비앙브뉘 미리엘 주교에게도 사치스럽다고 여길 만한 물건이 하나 있었는데, 바로 장발장이 훔쳐간 은그릇, 그리고 미리엘 주교가 장발장에게 건네 준 은촛대였다.

주교관의 일을 돕는 부인이 장발장이 사라진 뒤 은그릇이 사라진 걸 발견하고는 주교에게 보고했다.

"그놈이 우리 그릇을 훔쳐갔어요!"

주교의 대답은 뜻밖이었다.

"그런데 대체 그 은그릇이 우리 물건이었던가?"

그렇게 되물으며 부인에게 다짐을 받아 두고자 했다.

"마글르와르 부인, 내 잘못으로 우리는 오랫동안 그 은그릇을 갖고 있었소. 그것은 가난한 사람들의 것이오. 그런데 그 사나이는 어떤 사람이었소? 가난한 사람임에 틀림없었잖소?"

헌병이 장발장을 체포해 와서 대질하고자 할 때 주교는 다시 재치를 발휘하여 말했다.

"나는 당신에게 은촛대도 주었는데 왜 당신에게 준 그릇이랑 함께 가져가지 않았소?"

장발장은 주교의 사랑을 기억하고자 평생 은촛대를 지니

고 다녔다. 그는 은촛대에 불을 밝히는 동안 미리엘 주교처럼 사랑하기로 다짐했다.

사랑이신 하나님을 증명하는 방법 가운데 사랑하는 일보다 더 효과적이고 좋은 길이 어디 있을까. 사랑하는 일이야말로 복음을 전하는 분명한 길이다. 그런 의미에서 복음이 가장 절박한 사람들은 다름 아닌 레미제라블Les Miserables 곧 '미천한 사람들'이다.

소설 속 미리엘 주교의 이야기는 성직자로서 그의 마음과 눈이 있어야 할 자리를 눈부시게 잘 그려 낸다. 그 삶이 세상을 차갑게만 바라보던 한 사내를 따뜻한 가슴을 지닌 성자, 곧 아름다운 집을 짓는 서돌로 돌려놓았다.

스물여덟 글자에 담은 '애민'

드라마 〈뿌리 깊은 나무〉[4]의 명장면 하나는, 세종을 암살하기 위해 살아가는 똘복이가 한글의 위대함에 무릎 꿇는 장면이다.

세종의 아들 광평대군이 똘복에게, 아버지가 새로운 글자를 만들고 있으며 이는 백성들에게 큰 유익이 될 것이라고 말하자, 똘복이는 오히려 그 말을 비웃으며 어리석은 양반들의 세계를 힐난한다.

"그 글자가 나오면 백성들이 정말 글자를 알게 될 거라고 생각하시는 겁니까? 양반님들이야 공부가 일이시니까 5만 자나 되는 한자를 줄줄 외우시겠지요? 네, 저도 한 천 자쯤은 압니다. 그런데 제가 그거 배우는 데 얼마나 힘들었는지 아십니까? 제가 머리가 나빠서요? 아닙니다, 시간이 없어서입

니다. 그게 백성들의 삶입니다. 입에 풀칠이라도 하려면 아
침에 동 트기 전에 일어나서 해질 때까지 일만 해야 되는데,
언제 글자를 배운다 이 말입니까?"

맞는 말이었다. 한글을 만나기 전 한자만을 배우며 살아
온 사람들의 세계에서는 그러했다.

그러나 똘복이의 말에 광평대군도 지지 않을 기세다. 숨
막히는 두 사람의 대화가 이어진다.

"아직 새로운 글자를 배워 보지도 않았지 않느냐. 할 수
있다."

"5만 자 중에 천 자 배우는 데도 그렇게 오래 걸렸습니
다. 배워요? 도대체 전하의 글자는 몇 자나 됩니까? 5천 자
요? 아니면 3천 자? 아니면 천 자요?"

"스물여덟 자."

"천…스물여덟 자요?"

"아니 그냥 스물…여덟…자!"

도통 그 말을 이해할 수 없는 똘복은 장난을 치느냐는 투
로 대꾸한다.

"그게 말이 됩니까? 이 헛간 안에 있는 물건만도 스물여
덟 개는 넘습니다. 그런데 글자는 천하를 다 담아야 되는
것 아닙니까? 고작 스물여덟 자로 만 가지 2만 가지 다 담

을 수 있다는 말입니까?"

"만 가지 2만 가지가 아니다. 3만 가지 백만 가지도 담을 수 있다."

이야기를 듣고 있던 똘복이의 어릴 적 정인情人이자 세종의 마음을 담아 한글 창제를 도와 온 다미가 광평대군을 거든다. 다미는 하얀 치마를 찢어서 똘복이 앞에 펼친 뒤 스물여덟 글자를 쓴다.

"이거야. 이것만 외우면 돼. 이 스물여덟 자만 알면 한자로 쓰지 못하는 우리 이름, 오라버니가 잘하는 욕, 사투리, 우리 마음, 바람소리, 새소리, 이 세상의 모든 소리를 다 담을 수 있어."

세 사람의 대사가 흐르는 동안 나는 갑자기 먹먹해졌다. 글을 쓰는 사람으로 살아온 세월이 수십 년인데, 내 나라 글자의 수 '스물여덟'의 위대함, 스물여덟 자보다 더 많으면 안 되는 까닭을 비로소 깨달은 것이다. 글자라면 당연히 세상에 존재하는 천하 만물의 숫자만큼 존재해야 한다는 우둔한 생각을 깨뜨리고, 스물여덟 글자로써 모든 말을 표현할 수 있도록 한 그 위대한 발상, 거기다 동 트기 전에 일어나 해질 때까지 일해야만 비로소 입에 풀칠이라도 하는 백성들을 위해, 그들이 글자를 깨치기 위해선 절대 넘어선 안 될 스물여덟이란 숫자의 의미를….

그래서다. 한글은 백성을 제 피붙이처럼 진심으로 사랑한 한 군주의 마음이 똘똘 뭉쳐서 생겨난 결정체였다.

다미의 말처럼 똘복이는 반나절 만에 한글을 깨친다. 세종의 한글을 깨친 첫 백성으로 그려 낸 인물인 셈이다. 한글을 마당에 그리는 둥 쓰는 둥 하면서 똘복이는 충격에 휩싸인다. 이게 정말 가능한 거야? 모두가 글을 쓰는 세상이 올 수도 있는 건가? 다미는 똘복이가 마당에 쓴 글자를 읽는다.

"나는 다미를 만났다. 아부지 보고 싶다…."

"이게 맞아? 진짜 이게 맞아?"

"오라버니는 다 배운 거야. 반나절 만에."

"우리가 쓰는 말…. 응? 진짜 우리 입으로 쓰는 말들을 다 쓸 수가 있는 거야? 정말 다?"

"이미 썼잖아."

땅바닥에 쓴 똘복이의 한글은 곧 똘복이의 마음 중심에 새겨 둔 그리움이었다. 내 마음 저 깊은 데 담아 둔 그리움을 나 아닌 다른 사람이 읽어 냈을 때 똘복이는 비로소 글자의 가치에 눈을 떴다.

드라마가 조금 더 흘러가면 세종이 훈민정음 서문을 기록하는 장면에 이른다.

"나라의 말소리가 중국과 달라서 서로 잘 통하지 않거늘

그러므로 어리석은 백성이 말하고자 할 바가 있어도 마침
내 그 뜻을 표현할 수 없는 사람이 많다. 그러므로…."

세종은 거기서 더 나아가지 못한다. 반포하는 날까지도
세종은 훈민정음 서문을 못다 쓴다. 그리고 마침내 용기를
내어 쓴 그다음 문장은 이렇다.

"내가 그들을 불쌍히 여겨 새로 스물여덟 글자를 만들었
으니 백성들이 날마다 쉽게 익혀 편안하게 쓰도록 하려는
마음일 뿐이다."

드라마 〈뿌리 깊은 나무〉는 무엇보다 이 한 마디에 주목
하는 드라마인 셈이다. "내가 그들을 불쌍히 여겨…." 그러
니까 세종의 마음 저변에 이 마음이 흘렀고, 여기서 한글이
탄생했던 것이다. 세종의 그 많은 '업적'이 귀하고 고마운
까닭은 그 속에 백성을 사랑하는 마음이 담겨 있어서다. 글
자를 모르는 백성들의 아픔을 공감한 임금으로서 꼭 지어
야 할 아름다운 집이 '한글'이었다.

백성을 "불쌍히 여기는" 이 마음이야말로 신하들이 반대
하고, 심지어 백성들조차 의심한 길을 흐트러짐 없이 갈 수
있었던 동력이었다. 성군의 자격은 무엇보다 이 마음을 가
졌는지 버렸는지에 달려 있다.

백성을 불쌍히 여기는 군주의 마음, 그 마음을 가진 임금
은 만백성이 태평성대를 살아가는 시간에도 자신만은 지옥

을 살아야 했다. 아무리 보듬어도 늘 고단하고 아픈 백성이 있게 마련이고, 그런 백성이 있는 한 임금은 잠을 이룰 수 없었다. 세종의 싸움은 여기서 시작했다. 어떤 반대와 걸림돌도 피하지 않고 맞섰다. 대국의 간섭과 압박, 집권 세력의 사상, 신분제도, 그 모든 현실이 세종에겐 적이었고, 넘어야 할 벽이었다.

인간에 대한 깊은 애정, 이것이야말로 세상을 아름다운 집으로 지어 가는 근본적인 동력이자, 하나님의 구원이 지향하는 정점이다. 그 마음이 하늘의 마음인 까닭이고, 그 마음에 닿음으로써 비로소 세상은 길을 찾는다.

그래서다. 성직자가 되려는 사람도, 누군가를 섬기고자 하는 사람도, 글을 쓰고 그림을 그리고 노래를 부르는 사람도, 심지어 운동선수가 되거나, 상품 하나를 만들더라도, 기업을 경영하거나 교육을 하거나 한 가정을 꾸리고자 하더라도, 무엇보다 먼저 살펴야 하는 마음이 바로 인간에 대한 사랑이다.

알 수 없는
신비

3부

알 수 없는
신비

신비 하나 ,

신비, 하나님의 개입을 위한 여백

눈으로 보기에는 그저 암흑 같은 새벽의 하늘,
그곳을 향해 사진기를 갖다 대고 조리개를 열어 두면,
그 캄캄한 하늘에서는 세상의 어떤 색보다
아름답고 풍부한 색들을 수놓은 빛의 향연이 펼쳐진다.
누가 알았으랴. 그 캄캄한 하늘에 그렇게도 위대한 그분의 메시지가 있을 줄….

마지막의   마지막까지도…

일본 홋카이도의 아름다운 토야 호수를 끼고 자리한 언덕 마을에 젊은 부부가 운영하는 카페가 있다. 남편이 굽는 따뜻한 빵과 아내가 내리는 향긋한 커피는 상처 입은 사람들을 치유해 줄 만큼 마법 같은 힘이 있다. 카페 2층은 아담한 침실이다. 이곳은 멀리서 여행 온 사람들이 머물기에 안성맞춤이다.

눈 내리는 어느 겨울 밤, 결혼 후 반백년을 함께 살아온 사카모토 씨 부부가 이 카페를 찾는다. 부부는 이곳에서 지상에서의 마지막 시간을 함께 보내기로 한다. 어두운 눈길을 뚫고 카페에 도착하던 날 사카모토 씨 부부는 토야 호수 위에 뜬 달을 보며 두려움과 우울함을 달랜다. 이 카페에서 보내는 여러 날 동안 카페 주인 부부와 마을 사람들이 베푸는 친절과 배려 속에 꿈같은 날들이 이어진다. 마지막 날을

보내고자 찾아온 곳에서 사카모토 씨 부부는 오히려 몸과
마음을 치유한 뒤 떠난다. 겨울 지나 따뜻한 봄이 한창인
어느 날, 편지 한 통이 카페에 도착한다.

　사카모토 씨는 이른 봄에 아내를 먼저 떠나보냈다는 소
식과 지난겨울 카페에 머물면서 느낀 소소한 기쁨들을 편
지에 담았다.

> 지난겨울 카페에 갈 때는 아내의 살날이 얼마 남지 않았다고
> 생각해 그곳에서 같이 죽을 수 있으면 죽자 하는 마음이었습
> 니다. 그런데 그런 생각이 얼마나 교만한 생각인지 깨달았어
> 요. 그 사람이 생전 먹지 않던 빵을 맛있게 먹는 모습을 보면
> 서 '사람은 마지막의 마지막까지도 계속 변하는구나!' 하는
> 걸 비로소 처음 깨달았어요. 그 사람은 열심히 살아왔고 그
> 래서 평화롭게 떠났어요. 그 모든 것을 나는 끝까지 지켜볼
> 수 있었어요.

〈해피해피 브레드〉[1]는 토야 호수의 아름다운 풍경과 더
불어 사카모토 씨의 편지 내용이 오래도록 기억에 남는 영
화다. 사람은 '마지막의 마지막'까지도 변한다는 깨달음이
그렇게도 크고 깊은 울림을 주었다. 특히 아내가 빵 먹는
모습을 보며 몰래 눈물을 흘리던 사카모토 씨의 모습을 잊

을 수 없다.

헨리 나우웬도 우리 인생이 길고 긴 인류 역사 가운데 지극히 작은 몫을 맡을지라도 그것을 기품 있고 조심스럽게 잘 감당하는 것, 그것이 인간의 가장 큰 소명이라고 말한 적이 있다. 그러면서 "진흙탕을 뒹굴고 오르내리기를 되풀이하며 한 발 한 발 죽음을 향해 가는 것이 인생일지라도, 첫 번째 흙구덩이는 두 번째와 다르고 부침을 거듭하는 가운데도 진보가 있으며 죽음 또한 마지막 선물이 될 수 있다"[2]고 말했다.

인생의 어떤 시간이든, 심지어 죽음마저 선물이 될 수 있다는 희망으로 끝내 기품 있고 조심스럽게 맞으라는 그의 충고 또한 영화의 메시지와 닿아 있다. 우리는 이렇게 함으로써 하나님이 우리 인생에 개입하시도록 허락하고 기대하는 것이다. 마지막의 마지막까지도 변한다는 사실이야말로 우리 인생이 갖는 지극한 신비이기 때문이다. 이것은 곧 하나님의 임재를 위해 비워 둬야 할 여백 같은 것이다.

그분의 길은 하늘이 높은 것처럼 한없이 높고, 그분의 생각은 인간의 생각과 달리 깊은 까닭이다.

인생, 예측할 수 없어 신비한

영화 〈와일드〉[3]는 같은 제목의 책을 통해 만났다. 같은 내용을 책과 영화로 만남으로써 나는 20대의 유부녀 셰릴 스트레이드의 삶에 가로놓인 단어 '와일드wild'의 의미를 더 절절하게 느낄 수 있었다. 셰릴은 PCT, 곧 '퍼시픽 크레스트 트레일the Pacific Crest Trail'을 걸으며 그야말로 야생과 자연의 시공간인 '와일드'를 경험했다.

PCT는 미국 캘리포니아 주 멕시코 국경에서 시작해 캐나다 국경 너머까지 아홉 개 산맥을 따라 펼쳐지는 4,285킬로미터의 도보 여행 코스다. 셰릴은 남자 전문 도보 여행가도 힘들어하는 이 코스를 초보에, 여자 홀로, 자기 몸보다 큰 배낭을 메고 걸었던 셈이다. 이런 여행은 제정신이라면 어림도 없을 테지만, 셰릴은 어느 날 갑자기 즉흥적으로 "그래, 알래스카로 가자. 알래스카에 가면 시원한 얼음이 있을 거야"[4]라고 혼잣말로 결심한다.

스물여섯 살의 셰릴을 이 야생의 땅으로 밀어 낸 힘은 수습할 길 없이 파탄 난 그녀의 인생이었다. 엄마의 죽음으로부터 시작된 인생의 함몰은 남자들과의 혼란한 성생활과 마약, 임신, 낙태로 급격히 곤두박질쳤다. 그야말로 막장의 막장에 이르렀을 때 마음 저 깊은 데서부터 울분이 치받쳤다. '도대체 왜 선량한 우리 엄마가 죽고 나는 또 이렇게 멀쩡히 잘 살고 있는 걸까?' 한때는 그렇게 가깝고도 의지가 되던 그녀의 가족은 엄마의 죽음 이후 속절없이 무너져 내렸으며, 남편과의 결혼 생활도 너덜너덜 낡고 닳아 버렸다. 그러다 문득 'PCT를 걷자'는 결심을 하기에 이르렀다.

머나먼 길을 걸으며 셰릴은 이제 자신의 인생을 반추할 작정이었다. 자신을 무너뜨린 모든 것들을 되돌아보고 나면 어쩌면 다시 태어나는 기회가 올지도 모른다고 기대했을 것이다.

그러나 PCT에 들어선 지 열흘이 될 때까지도 새로운 기회는커녕 불평만이 터져 나왔다. 내면의 고통 때문이 아니라 발이 아프고, 등이 아프고, 엉덩이 상처가 아물지 않아서였다. 몸이 아프니 마음을 돌아볼 겨를이 없었다. 일주일 이상 씻지 못해 머리카락은 떡이 지고 지독한 냄새가 진동했다. 몸뚱어리는 피와 흙 범벅이었다. 그야말로 야생의 시간이었으며, 그 가운데 자신의 민낯만이 드러났다.

그러나 캄캄한 새벽하늘에도 빛의 향연이 숨어 있듯, 이 와일드한 시공간 속에서도 예상하지 못한 신비가 숨어 있었다. 터벅터벅 걸어온 사막과 끙끙대며 기어오른 산길과 두 손을 호호 불며 걸어온 눈길들이 언젠가부터 셰릴이 살아온 과거와 하나둘 겹쳐지기 시작하더니, 어느새 하나가 되어 분간하지 못할 지점에 이르렀다. 삶이 온몸으로 느껴지는 순간이었다. 문득 통곡이 터지고, 그렇게 울고 난 뒤의 영롱한 눈망울이 하늘과 맞닿았다. 마치 근육이 굳세어지듯 삶의 여정들이 선사해 준 깨달음으로 충만했다. 삶의 진실, 가족의 소중함, 그리고 참사랑의 순결한 가치들이 새록새록 새싹을 내기 시작했다.

94일이라는 고단한 시간이 흐른 뒤 마침내 '신의 다리'라 불리는 종착 지점에 이르렀을 때 셰릴 앞에 나타난 세계는 눈부실 만큼 새로웠다. 셰릴은 그녀의 기록을 "이제는 더 이상 텅 빈 손을 휘저을 필요가 없다는 사실을 믿게 되었고 저 수면 아래를 헤엄치는 물고기를 그저 바라보는 것만으로도 충분하다는 사실 또한 알게 되었다"[5]고 마무리한다.

그 말은 곧 인생이란 것이, 또 자신이 살아온 삶이 얼마나 신비롭고 고귀한 것인지를 깨닫는 것이다. "그러니 흘러가는 대로, 그대로 내버려 둘 수밖에" 없다는 것이다. 그리고 나에게는 이 말이 또 다른 생각을 떠올리게 만드는데, 즉 인생이란 돌아보면 늘 감사할 것뿐이고, 하도 신비로워서 그저 순간순간 기도할 뿐이라는 깨달음이다. 나는 수많은 선택의 순간마다 늘 잘못 선택하기 쉬우며, 심지어 이건 틀림없다고 맹세하며 믿은 선택조차 허무하게도 잘못된 선택이란 걸 알게 되는 경우가 허다하지 않던가.

별이 내어준 길

"별은 또 하나의 길이다. 나에게로 향하는, 나에게로 돌아오는, 나를 만나러 가는, 멀고도 지난한 길이다."

영화 〈인터스텔라〉[6]를 보고 나서 나는 이렇게 긁적였다.

"내가 곧 길이다" 하신 분께 나는 길을 묻는다. 그러면 그분은 언제나 길을 내시고, 나는 또 어디서 멈출지 모를 길을 따라 나아간다. 길이 끊어진 곳에서 또 길을 구할 것이며, 그러면 또 다른 길이 길 너머로 이어질 것이다. 나에게 평화란 여전히 길이 이어지고 있다는 안도감의 다른 표현이다. 고개를 들면 하늘 가득 별들이 빛난다. 그리고 별은 결국 나를 향하여 난 창문 같아서 나에게로 돌아온다.

1,000년을 살아간다

《우리는 모두 별이 남긴 먼지입니다》[7]라는 꽤 멋진 제목의 책 속에서 저자는 케임브리지대학교 석좌교수이자 영국 왕립학회 회장인 마틴 리스와의 인터뷰 내용을 소개한다.

마틴은 지구의 미래가 최소한 40억 년만큼 남아 있다는 점을 일깨워 준다. 그러니까 우리가 살다가 이 지구를 떠난 뒤에도 또 수많은 세대가 지구에 거주할 것이라는 사실이다. 그리고 이 사실을 염두에 둔다면 현재의 수많은 문제를 대할 때 우리 마음가짐이 지금과 많이 달라질 것이라고 예언한다. 왜냐하면 현재의 결정에 따라 미래가 달라질 테니 말이다.

우리는 대개 지금 당장, 또는 내가 살아 있을 동안에 무엇을 마무리해야겠다고 조급해한다. 그런데 마틴의 말처럼 우리 뒤를 이어 이 땅에서 살아갈 사람들이 있음을 뚜렷이 인식한다면, 우리는 얼마나 신중하게 처신할 수 있을까. 또 많은 사람들이 이 땅에서 살아가게 될 더 먼 시간들까지 내다본다면 우리는 훨씬 지혜로워서 지금 당장 모든 것을 누리고자 발버둥 치지는 않을 것이다.

마치 영화 〈우드잡〉[8]에서 나무를 심고, 나무를 키우면서 살아가는 사람들처럼 살아갈 수 있을 것이다.

내용은 이렇다. 대학 입학시험에 떨어진 히라노 유키는 산림관리 연수프로그램에 지원한다. 이 프로그램은 임업으로 생계를 유지하며 사는 마을에서 1년 동안 함께 일하고 먹는 가운데 장차 이 직업을 가질 때 필요한 마음과 기술을 배우는 프로그램이다. 히라노는 연수기간 동안 나무를 키우고 살아가는 마을 사람들의 세계에 흠뻑 젖어든다.

105년 된 참나무를 벌목하여 팔던 날, 뜻밖에도 엄청난 수입이 생기는 걸 본 히라노는 돌아오는 트럭 속에서 신이 나서 지껄인다.

"여기 산을 다 베어 내면 억만장자가 될 거 아녜요! 그런데 왜 가난하게 사세요? 먼저 자동차부터 바꾸세요."

그러자 까칠한 나무꾼 요키 씨가 히라노의 머리통을 갈기면서 "너 진짜 바보 아냐? 니가 살아갈 동안밖에 생각을 안 하지?" 한다. 히라노는 아무리 생각해도 자신이 틀리지 않은 것 같다.

"조상들이 심은 나무를 전부 다 팔아 버리면 내 다음 세대, 그리고 그 다음 세대는 어떻게 살아가라고? 100년도 못 가서 대가 끊어지게?"

이번에는 옆에 있던 감독관 나카무라 씨가 요키 씨의 말을 거든다.

"그래서 묘목을 계속 심으면서 소중히 키워야 돼. 이상한 일 같겠지만 말이지. 농부라면 품과 시간을 들여서 지은 채소가 얼마나 맛이 좋은지 직접 먹어 보면 알 수 있지만, 임업은 그렇게는 안 되지. 일을 잘했나 못했나 결과가 나오는 건 우리가 죽은 뒤에나 가능하거든. 뭐 사는 게 다 그런 거지."

대를 이어 가면서 산다는 건 비단 나무꾼에게만 적용되는 게 아닐 것이다. 가만히 생각해 보면, 우리는 우리 세대에만 살아 있는 게 아니기 때문이다. 그러니까 내 나이는 내 조상의 나이와 연결되고, 내 후손의 나이와도 연결되어 이어질 수도 있다. 그렇게 보면 나는 과거와 현재와 미래를 통해 연결되어 있으며, 나의 죽음 역시 단절이 아닌 새로운 시작의 연결고리인 셈이다.

고려 일연의 〈삼국유사〉는 지금은 사라진 사서 〈고기古記〉를 빌려 이렇게 말한다.

"단군은 평양성에 도읍하여 조선을 열고 도읍을 백악산 아

사달로 옮겨 1500년간 다스렸더라. 후일 단군은 아사달의
산신이 되니 그 나이가 1908세였더라."

이 말은 곧 단군을 이어 새로운 단군이 나오고, 그렇게
이어져 온 단군들의 나이를 합하니 1,908세였다는 뜻으로
보인다. 그러고 보면 옛 사람들은 오늘의 우리보다 더 지혜
로웠는지 모르겠다. 우리의 삶이 나의 대에서 끝나지 않음
을 그들은 미리 알고 있었던 셈이다.
성경도 그렇게 가르치지 않았던가.

이제 하늘과 땅은 그 동일한 말씀으로 불사르기 위하여 보호
하신 바 되어 경건하지 아니한 사람들의 심판과 멸망의 날까
지 보존하여 두신 것이니라 사랑하는 자들아 주께는 하루가
천 년 같고 천 년이 하루 같다는 이 한 가지를 잊지 말라 주
의 약속은 어떤 이들이 더디다고 생각하는 것같이 더딘 것
이 아니라 오직 주께서는 너희를 대하여 오래 참으사 아무도
멸망하지 아니하고 다 회개하기에 이르기를 원하시느니라
(벧전 3:7-9).

이 말씀은 천 년의 시간을 오늘 하루와 연결 지어 바라보
시는 분이 하나님이라고 알려 준다. 게다가 하나님의 천 년

은 모든 사람들이 회개하고 구원받기를 바라는 사랑의 마음과 결부되어 있다.

그러니 나의 짧은 인생은 하나님의 천 년, 곧 구원이라는 하나님의 소망을 일궈 가시는 그분의 역사 속에서 비로소 빛나고 반짝거린다. 거기서 내 인생의 비밀들이 비로소 해석되고, 삶의 의미는 되살아난다. 오늘 하루라는 시간은 그러므로 오래된 시간들로부터 출발하여 아득한 미래로 이어지는 것이니, 얼마나 설레고 신비로운가.

절제된 빛이 만드는 그림자의 아름다움

캠벨 미술관을 설계한 건축가 루이스 칸Louis Kahn은 예술을 일러 '인간이 신과 대화하는 유일한 언어'라고 말한다. 그리고 성역 같은 예술이 존재하는 공간은 빛과 침묵이 교차하는 곳이며, 이것은 그림자로 이루어진 보물 창고 같다고 말한다.[9] 즉 빛은 물체와 만나 그림자를 드리우게 되는데 건축가들은 이 그림자를 빚어 형태를 만들어 낸다는 것이다. 실제로 칸이 남긴 수많은 걸작의 본질적 요소는 빛, 그림자, 그리고 침묵이었다.

일본의 대표적인 건축가 안도 다다오安藤忠雄 역시 빛의 기능을 건축에 담아 내는 작가로 유명하다. '빛의 교회'는 더욱 그러하다.

빛의 교회는 일본 오사카 이바라키 시의 만국박람회장 근처, 한적한 주택가에 들어선 연건평 50평 규모의 그야말로 아담한 박스 형태 교회당으로 유명하다. 안도 다다오의 또 다른 특징인 노출 콘크리트 공법으로 지어진 이 교회당은 안도 다다오의 빛과 그림자의 철학이 숨 쉬는 작품이라 해도 좋을 듯하다.

안도 다다오는 실내에 들어오는 빛을 의도적으로 억제해 어둑한 공간을 연출한 뒤, 정면 벽에 십자형 창을 뚫었는데, 이 창으로 빛이 스며들어 자연스레 십자가가 드러난다. 햇살이 비껴들 무렵에는 빛의 십자가가 예배당 바닥에 새겨지는데, 그럴 때면 하늘의 은총이 인간 세계로 신비롭고 아름답게 스며드는 듯하다.

그림자를 통해 억제된 빛이 만들어 내는 이 황홀한 광경은, 마치 절제된 금욕적 생활이야말로 하늘의 은총을 쬐는 유일한 길이라고 말하는 것 같다. 안도 다다오는 실제로 금욕적 생활을 동경해 온 건축가다. 그는 중세 유럽의 로마네스크 수도원이 건축으로서 금욕적 생활을 가장 잘 구현해 낸 모범이라고 보았으며, 빛의 교회는 바로 로마네스크 수도원의 정신에서 태어났다고 한다.

《나, 건축가 안도 다다오》[10]에서 안도 다다오는 "수도사들이 그야말로 제 목숨을 깎아 내듯이 거친 돌을 쌓아 올려서 꼴을 빚은 동굴 같은 예배당. 그 간소하기 짝이 없는 공간에 유리도 없는 개구부에서 강렬한 빛이 직선으로 비껴

들어 바닥 돌의 표정을 고요히 비춘다. 인간의 정신에 호소하는 저 엄숙하고 아름다운 공간을 콘크리트 박스로 만들 수는 없을까?"라고 고민한다. 그리고 그런 생각에서 태어난 것이 다름 아닌 '빛의 교회'였다.

빛과 그림자는 안도 다다오의 인생관이기도 했다. 그래서 우리가 삶에서 빛을 구하고자 한다면 먼저 눈앞에 있는 힘겨운 현실이라는 그림자를 제대로 직시하고 그것을 뛰어넘기 위해 용기 있게 전진하라고 말한다. 그는 사람마다 행복에 대한 생각이 다르다 할지라도 틀림없는 사실 하나가 있는데, 그것은 참된 행복만큼은 적어도 빛 속에 있지 않다는 것이다. 오히려 그 빛을 멀리 가늠하여 그것을 향해 열심히 달려가는 몰입의 시간과 충실한 삶 속에 있으리라고 본다.

해가 뜰 무렵이나 해가 질 무렵, 빛은 실내로 비껴든다. 그 절제된 빛에는 질감이 있다. 질감을 품은 빛은 영적인 세계를 넘나드는 매개물처럼 우리가 지나온 시간들을 조명해 준다. 그 순간 잊힌 기억들은 살아서 돌아오고, 익숙한 냄새와 소리들은 그들이 태어난 시간과 장소를 향해 제각각 달려간다.

질량이 보존되듯 살아온 시간들도 사라지지 않고 보존되는 것일까. 사라질 수 없어 오랜 추억으로 남는 것일까. 어쩌면 내 안에는 빛의 질감을 만나 그 추억의 시간을 기억해 내는 장치가 있는 것인지 모른다. 음식을 먹을 때나 흙과 나무와 풀의 향기가 바람에 묻어 올 때처럼, 창문 틈으로 비껴드는 햇살은 내 안의 모든 시간을 들춰 내는 힘이 있다. 그것은 영혼의 시간으로 향하는 창문일까? 영혼은 햇살을 품은 바람처럼 그 창을 넘어 불어온다.

이른 햇살과 늦은 햇살이 스며든 공간에 있으면, 나는 지나온 모든 세월의 고단함을 위로받듯 평화와 경건으로 충만해진다. 하루의 선물은 그토록 찬란하다.

아리랑 아리랑 아라리요

"아리랑 아리랑 아라리요. 아리랑 고개를 넘어간다."

파티의 끝, 축제의 끝, 그렇게 아름다운 만남들이 끝나는 시간에는 늘 '아리랑'이 불렸다. 엄혹한 독재 정권의 시대가 저물어 갈 무렵, 나는 북녘의 동포들과 우리 땅이 아닌 타국에서 만나 2박 3일의 꿈같은 시간을 보낸 뒤 헤어졌다. 그 아쉬움을 형용할 길 없어서 우리는 함께 손을 잡고 아리랑을 불렀다. 그 노래 아리랑은 오래 떨어져 있더라도 봄이면 경계 없이 피어나는 들꽃처럼 이 땅 어느 곳에서나 불리고 불렸으므로, 그 가락 그대로 우리의 고향을 떠올리게 해 주었다.

서울에서 올림픽이 열리고, 들뜬 축제의 한 달이 끝나가던 폐막식에서도, 수많은 이의 공허함을 가로질러 아리랑 가락이 흘렀다. 강원도의 어느 바닷가에서 3박 4일 캠프를 가진 뒤에 맞은 이별의 밤에도 아리랑의 선율이 파도 소리에 밀려오고 쓸려 갔으며, 이십 대의 아스라한 시간들이 저물어 가던 알프스의 산골마을 숙소에서도 낯익은 아리랑 가락이 자작자작 타들어 가고 있었다.

아리랑의 가락은 어쩌면, 모든 떠나보내는 이별의 시간을 그리워하는 선율이 되어 내 몸 어딘가에 새겨진 것일까. 울적하도록 아름다운 시간들, 불이 꺼져 가는 모든 이별의 시간이야말로 어쩌면 나이를 먹어 간 뒤에 남긴 무늬가 아닐까.

나희덕 시인은 어느 날 탱자 꽃잎을 보다가 바람에 쓸려 스스로의 가시에 찔린 흔적을 발견한 뒤 알 수 없는 슬픔을 느꼈다고 한다. 자신을 지키도록 하늘이 준 '가시'라는 무기가 때로는 자기 자신을 찌르기도 한다는 사실 때문이었다. 시인은 "그걸 어렴풋하게 느낄 무렵, 소읍에서의 내 유년은 끝나가고 있었다"[11]고 고백한다.

나는 가시의 운명 같은 슬픔을 위로하는 시간이면, 브라이언 크레인Brian Crain이 연주하는 피아노곡 '아리랑'을 오래오래 들었다. 그 서늘하고도 아련한 슬픔이 아픔과 함께 위로를 가져다주었다. 끝 간 데 없는 슬픔과 위로의 시간을 거닐면서 나는 비로소 내 슬픔의 시간마다 아리랑 선율처럼 함께하신 그분의 손길과 눈빛을 느낄 수 있었다.

세계는 온통 창조자의 마음

이 땅은 하나님의 시간이 충만하게 전개되는 공간이다. 하여 모든 살아 있는 생물에게는 그분의 의지와 마음이 반영되기 마련이다. 어느 수필가는 산방 생활을 하면서 산에 피는 꽃을 관찰하다가 하나님이 창조하신 세계에 탄복하였다. 산은 계절에 따라 새로웠다. 이른 봄과 늦가을 눈으로 얼룩진 산에는 노란색이 주류이고, 봄가을은 붉은 꽃, 청산에 피는 꽃은 희다. 그래서 고백한다. "이 절묘한 조화를 주관하는 의지가 있고, 이 의지를 가리켜 하느님이라고 이름함에 이견을 가질 사람은 없으리라. 광활한 우주 중에 일부인 천계天界가 지계地界를 도와 생물을 탄생시키고, 이 생물은 다시 식물과 동물로 나뉘어졌을 것이다. 이들은 자기의 삶을 발전시키는 데 상대의 힘을 이용한다. 서로를 돕되 그 정교함이 여기에 이르기까지에는 억겁에 가까운 긴 역사를

거쳤을 것이다. 이런 변화와 적응의 과정을 일컬어 창조라고 함이 아니겠는가”라고.[12]

사진작가 함철훈은 그분의 신비로운 세계와 만나기 위해 사진기라는 도구를 들이댔다.

그의 작품 ‘새벽하늘’은 사람들이 알지 못한 꿈의 공간을 사진기의 특별한 기능을 통해 펼쳐 낸다. 눈으로 보기에는 그저 암흑 같은 새벽의 하늘, 그곳을 향해 사진기를 갖다 대고 조리개를 열어 두면, 그 캄캄한 하늘에서는 세상의 어떤 색보다 아름답고 풍부한 색채를 수놓은 빛의 향연이 펼쳐진다. 누가 알았으랴. 그 캄캄한 하늘에 그렇게도 위대한 그분의 메시지가 있을 줄….

그러니 세상을 말하며 그저 암흑처럼 캄캄하다고, 쉽게 표현할 수 있을까. 어쩌면 하나님도 암흑처럼 캄캄하지만 그 안에 모든 빛깔을 품고 계신 분이 아닐까. 그 흑빛 마음으로 세상을 품으려 한 것이 아닐까. 활활 타오르는 사랑이 오랜 기다림 속에서 숯처럼 까맣게 변해 버린 것은 아닐까.

봄 여름 가을 겨울, 밤과 낮, 그 어느 시간에도 그분으로 충만하다, 이 세계는.

신비 둘

,

그분이 머무르는 '오래된 지혜'

사람은 누리고, 가지고, 남기려 한다.
이를 인지상정이라 하더라도, 자연스럽다 할 수는 없다.
도리어 내 안에 암처럼 증식하는 탐욕을 버림으로써
모든 거추장스러움에서 벗어날 때에야 자연스러워진다.
이 자연스러움 속에서 우리는 하늘의 뜻을 배운다.

생명이란 자연스러운 것

　인간의 오래된 지혜에는 함부로 그 가치를 폄훼할 수 없는 무게와 신비가 도사리고 있다. 오랜 세월 하늘을 바라보고, 땅을 일구어 가며 쌓은 지혜 속에는 나름의 까닭이 있기 마련이고, 그 까닭은 겉으로 드러나 눈에 보이지 않더라도, 사람의 삶에 깊이 스미어 몸의 일부가 되어 버린 것이 많다. 이런 지혜는 자연스러워서 조금만 거스르더라도 몸에 탈이 난다. 하여 자연스러움은 그 자체로 오래된 지혜인지 모른다.

　돌아가신 전우익 선생은 책을 읽어 머리로 배우기보다 자연 속에서 자연을 배워 몸으로 익혀 온 분이었다. 이신작칙以身作則, 즉 몸으로 규칙을 만드는 삶을 산 분이어서, 그 삶이 참으로 신비했다. 책도 없고, 물어볼 사람도 없을 때, 궁지를 벗어날 유일한 길은 몸으로 부딪치는 것이다. 선생은 그런 방식으로 세상의 이치를 깨쳤다. 그러므로 선생에게 변함없는 스승은 풀이고 나무고 산이고 하늘이었다. 변화무쌍하면서도 고정불변한 산을 오래 관찰하고, 사계절이 바뀌듯 매섭고 가혹한 변화에 적응하다 보면 비로소 사람의 됨됨이도 알 수 있었다.

선생이 우리 곁을 떠나시기 전, 어느 여름날 선생의 오래된 집 마당에서 뵈었을 때 줄무늬 삼나무 이야기를 해주었다. 일본 가고시마 현에 있는 야구시마 섬에는 1,000년 이상의 수령을 가진 삼나무들이 많은데, 그중 줄무늬삼나무라고 부르는 나무는 수령이 무려 7,200년이라고 한다.

나무의 나이만으로 신비롭기 그지없는 이 나무는 뿌리의 둘레가 28미터이고, 높이는 30미터에 이르며, 둥치는 파도치듯 비비 꼬여 있어, 그 자체로 생명력이 넘친다. 둥치 아래쪽은 넓은 굴이고, 안쪽 세포는 거의 죽은 목질이어서 늙음과 젊음, 삶과 죽음이 함께 어우러진 나무다. 더욱 신기한 건 침엽수인 삼나무의 잎보다 활엽수의 잎들이 훨씬 많이나 있다. 그러니까 여러 나무가 마치 한 자락의 숲처럼 더부살이를 하고 있는 모양새다.

이 삼나무에는 온갖 새들이 아늑하게 서리어 드는데, 침엽수에는 새가 깃들지 않는다는 점을 생각하면 이 또한 기이한 일이다. 왜일까? 선생은 맛있는 열매를 맺는 나무들이 더부살이를 하여 산새들을 불러 모으기 때문이라고 했다. 그리 오랜 세월을 살아올 수 있었던 까닭도 더부살이 때문이라고 한다. 즉 삼나무에 붙어사는 활엽수 잎이 떨어져 거름이 되고, 새들이 날아들어 똥을 누니 땅이 기름질 수밖에 없다. 생명이란 이처럼 자연스러운 까닭에 풍요롭다.

그러면서 선생은 경주에 다녀온 이야기를 했다.

"경주에는 어마어마한 무덤들이 곳곳에 있는데, 나는 그걸 보면서 우습다고 여겼어. 떵떵거리고 살던 인간이 죽어서도 그렇게 살고 싶었던 모양이지. 그러니 창피한 줄도 모르고 그런 무덤을 만들었을 거야. 도연명 선생은 이런 생각이 들어서 아마도 평토장平土葬을 하셨구나 싶었어."

사람은 누리고, 가지고, 남기려 한다. 이를 인지상정이라 하더라도, 자연스럽다 할 수는 없다. 도리어 내 안에 암처럼 증식하는 탐욕을 누르고 또 누름으로써 모든 거추장스러움에서 벗어날 때에야 자연스러워진다. 이 자연스러움 속에서 우리는 하늘의 뜻을 배운다.

몸은 자연스러움을 원한다

　장인들은 그들의 세계에서 깊이 뿌리 내린 나무처럼 궁극의 어느 지경에 이르고자 한다. 궁극이란 여러 갈래의 처음과 같아서, 나누인 갈래들이 서로 연결되고 소통하며 통섭通涉하는 지점이다. 그러므로 궁극에서는 오히려 막힘이 없고, 모든 것이 자유로워지고 자연스러워진다.

　요리를 예술의 경지로 이끈 기타오지 로산진北大路 魯山人은 맛의 세계가 닿을 수 있는 궁극의 단계에 이른 장인이다. 요리를 가르칠 때 로산진은 여간해서는 식재료나 조미료의 양을 알려 주지 않았다. 채소란 열리는 시기와 자라는 땅에 따라 그 맛이 천차만별이고, 언제 요리하느냐에 따라서도 맛이 달라지기 마련이며, 음식을 먹는 사람도 그날그날의 날씨와 상황 따라 끌리는 맛이 다른 법이니, 그때그때 요리하는 사람의 감각이 상상력을 발휘해야 한다는 것이다.

누군가 로산진을 찾아와 요리하는 사람의 마음가짐에 대해 묻자, 그는 도리어 다음과 같이 반문했다. "부자가 별장에 살고 있었는데, 이 별장으로 이런저런 사람들이 도시락을 보냈지. 그중에는 친한 벗도 있고, 신세를 진 사람도 있고, 신세를 지려고 하는 사람도 있었지. 그런데 그 도시락 중에는 가져온 사람의 이름을 물어보지 않고도 곧장 누가 보낸 도시락인지 알 수 있는 것이 하나 있었다네. 과연 누가 보낸 도시락이었을까?"

로산진의 질문에 아무도 대답하지 못하자, "그건 어머니가 보낸 도시락이었어"라고 말했다. 요리하는 사람이 가져야 할 처음의 마음은 이처럼 그 음식을 먹을 사람에 대한 따뜻한 마음, 곧 엄마가 자식을 사랑하는 마음을 품어야 한다는 이야기를 하려고 했던 것이다.

자연스러움이란 이처럼 어머니의 요리 같은 것이다. 로산진은 자연이야말로 자신의 유일한 스승이라고 고백하는가 하면 가장 맛있는 것은 자연스러운 맛이라고 했다. 자연스러운 맛은 인간의 손길이 미칠 수 없는 경지가 아니라 인간의 손길을 느낄 수 없는 경지이며, 무작無作의 작作이고, 무미無味의 미味라는 것이다. 자연스러운 맛은 혀에 닿은 맛이 확장을 시작해 얼마나 뻗어 나갈지 알 수 없는, 그래서 그 끝 간 데를 측량할 수 없는 맛이라고 한다.

복어와 고사리와 밥의 맛이 바로 그러한데, 그 은근한 맛을 잡아채려면 온몸의 미각 신경을 끌어모으지 않고서는 좀처럼 느낄 수 없다고 한다. 가령 우리가 매일 밥을 먹어도 질리지 않는 까닭은 쌀이 그만큼 맛있기 때문이다. 그래서 로산진은 찬밥에 따뜻한 녹차를 부어 먹는 '오차즈케'를 즐겼다.[1)

사람이 먹고 마시는 음식 하나에도 이렇듯 순리順理란 있게 마련이다. 하물며 세상의 만사가 이루어지는 방식은 말해 무엇할까. 그래서 순리를 거스르지 않으려는 사람의 노력을 구도의 길로 삼은 것도 우리의 오래된 지혜다.

조상들이 읽고 마음에 새긴 책 예기禮記의 중용 23장은 그 순리의 처음을 '치곡致曲'으로 삼았다. '치곡'이란 '간절함'이다. 그래서 작은 일에도 최선을 다하는 마음이다. 이 마음을 가진 사람은 무엇을 하든 정성을 다하게 되고, 그러면 겉으로 배어 나오고, 드러나고, 사람들이 알게 되어, 감동을 일으키고, 마침내 변화를 이끌어 낸다. 변화하면 끝내 세상은 달라진다고 가르친다.

자연스러움은 낮고 느리다

 '카모메 식당'의 주인 '사치에' 씨는 일본에서 핀란드로 건너온 독신의 중년 여성이다. '카모메'는 핀란드어로 갈매기라는 뜻이다. 차고 우울한 핀란드의 바다를 나는 카모메처럼 이방 여인 사치에 씨의 요리 또한 핀란드의 안개 짙은 일상 속으로 느리고도 낮게 스며든다.

 영화 〈카모메 식당〉[2]은 이처럼 낮고 느려서 자연스러운 북유럽의 풍경이 평화로이 스며드는 수작秀作이다.

 모든 길은 오랜 시간과 수많은 반복을 거쳐 생겨난다. 천천히 생겨난 길은 자연스럽고 평화롭다. 사치에 씨의 카모메 식당도 그런 길처럼 오랜 시간의 기다림 끝에 자리를 잡는다. 낯설고 어색한 낯가림이 녹아들어 비로소 내 집처럼 아늑한 공간이 되어 가는 것이다. 식당을 찾아오는 손님들이 카모메 식당과 이방의 여인 사치에 씨와 이방의 음식을 낯설어하는 동안 사치에 씨는 기다리는 마음을 담아 테이블을 닦고, 커피를 내리고, 요리를 만든다. 그렇게 길을 만들어 가는 사치에 씨의 일상은 부지런하고도 한결같다.

누군가는 길이 나기를 기다려야 할 시간에 마음이 조급하여 인위적이고 물리적인 수단을 쓰려고 하지만 사치에 씨는 거절한다. 카모메 식당이 담아 낼 세상을 위해 사치에 씨는 이렇게 말한다.

"이건 대단한 레스토랑이 아니라 조그만 식당이에요. 격식을 차릴 필요가 없는 일상 음식을 제공하는 식당이죠. 저는 사람들이 지나가다가 부담 없이 들어와서 먹기를 바라요. 꾸준히 일하다 보면 손님이 늘어나겠죠. 만약 그래도 안 된다면 그땐 별 수 없이 문을 닫아야 되겠지만…. 하지만 잘될 거예요."

사치에 씨의 기다림이 비로소 자연스러운 길을 내어, 어느 순간 지나던 사람들이 카모메 식당에 부담 없이 들어오기 시작한다. 그녀의 요리 중 으뜸은 '오니기리' 곧 일본식 주먹밥이다. 사치에 씨의 오니기리는 청어알을 품은 하얀 쌀밥에 김을 덧댄 것이다. 마치 북유럽의 바다와 쌀쌀한 바람이 포근한 동양의 쌀밥과 만나는 맛이랄까? 일본에서 온 이방 여인의 낮고도 느린 마음이 핀란드의 표정 없는 얼굴과 만나 평화로운 일상이 되어 버린 카모메 식당의 풍경과도 어울리는 맛이다. 사치에 씨의 요리는 더욱이 차갑고 우울한 핀란드 사람들의 상처를 치유한다. 음식은 약이라 하지 않던가.

사치에 씨가 "이라샤이!^{어서오세요}"라고 인사할 때 그녀의 목소리는 과히 투박하지도 정중하지도 않다. 낮고 느린, 그래서 평화로운 엄마의 미소처럼, 오늘 만나고 내일 또 만나기를 기대하는, 높낮이로 말하면 솔처럼 달뜨지 않고 미처럼 가라앉지 않은 '파'의 음색이랄까? 맞다. 그런 파의 설렘이 사치에 씨의 '이라샤이'다.

사치에 씨는 늘 카모메 식당에서 쓸고 닦으며 인사를 하고 컵을 가져다 놓고 커피를 내리고 생선을 굽고 밥을 짓는다. 시장에서 식재료를 사고 수영장에서 수영을 한다. 언제나 반복되는 그녀의 일상은 낮고 느리고 평화롭다. 그런 삶은 누군가의 일상과 만나 위로하고, 슬픔과 기쁨을 공감하기에 그만이다. 그것은 자유롭고 끝 간 데 없는 자연스러움에 이른다.

나는 그렇게 자연스러운 시간과 공간 어디쯤에서 신비한 영적 세계로 향하는 틈 하나를 발견한 듯하다.

빵은 우리 모두의 것

조에타 핸드릭 슐라박은 《나눔의 밥상》[3]에서 음식이 주는 지혜의 으뜸을 '나눔'이라 말한다. 음식을 통해 사람들은 대화하고, 소통하며, 관계를 만든다. 음식은 물과 공기처럼 소중하여, 어느 한 사람의 소유에 갇혀서도 안 된다.

남부 아프리카 레소토에서는 크리스마스이브에 우리가 새벽송을 돌 듯 마을 사람들이 문 앞에 서서 "크리스마스를 주세요!"라고 외친다. 그러면 미리 장만한 음식을 내놓고 함께 즐거이 먹는다. 여기서 "크리스마스를 주세요"라는 말은 구걸하는 말이 아니라 누군가를 동족으로 받아들인다는 의미이다. 그러므로 동족이란 공동체는 서로에게 음식이나 도움을 청할 권리를 가진 사람들의 울타리인 셈이다. 그들 중 누군가 "물 좀 주세요" 하고 말한다면, 그 말은 곧 우리는 동족이에요, 하는 의미가 깔려 있는 것이다.

조에타는 레소토의 풍경을 전하면서 성경 속의 한 장면을 떠올린다. 예수님이 사마리아 여인에게 다가가 물을 청하시는 장면이다. 아, 마을 사람들로부터 따돌림받던 사마리아의 여인에게 예수님이 물을 청하였을 때, 그것은 곧 '우리는 동족이에요' 하는 뜻 아니었을까? 그래서일까? 레소토에는 이런 속담이 있다. "한 부모를 둔 형제자매들은 메뚜기 머리도 나누어 먹는다." 또 "빵과 소금을 나누는 사람은 적이 아니다"라는 속담도 있다. 조에타는 독일의 신비주의 사색가 마이스터 에크하르트Meister Eckhart의 말을 인용하며 그 의미를 더욱 뚜렷이 한다.

"나의 빵이라는 건 어디에도 없다. 빵은 우리 모두의 것이고 누군가 내게 준 것이다. 그것은 나를 통해 다른 사람에게, 다른 사람을 통해 내게 주어진다. 우리는 빵뿐만 아니라 생활에 필요한 모든 것을 다른 사람들과 함께, 다른 사람들 때문에, 다른 사람들을 위해 빌리고 우리를 통해 다른 사람들에게 빌려준다."

빵은 생명이어서 하나님의 것이고, 그러므로 나눔을 본질로 삼는다. 우리는 언제부터인가 이 소중한 지혜를 슬그머니 내려놓았고, 모든 불행은 거기에서 비롯되었다.

‘차이’ 한 잔의 기운

아침을 맞은 인도의 어느 꽃 농장. 출근한 인부들이 일을 시작하기 전 먼저 ‘차이Chai’라 부르는 차 한 잔을 마시며 이야기를 나눈다. 그들의 하루는 이처럼 차이와 더불어 시작된다.

한 잔의 차이에 담긴 인부들의 아름다운 영성이 와 닿는다. 그들은 따뜻한 차이 한 잔의 기운이 몸속을 돌아 함께 일하는 동료들 사이에도 우애의 감정이 부드럽게 감돌기를 바란다. 그럴 때 비로소 그들이 가꾸는 꽃들도 향기가 돌 것이라고 믿는다. 그러면서 “삶을 위해 일하고 웃기 위해 돈 버는 건데 일과 돈이 사람의 주인 노릇 하면 되나요?” 한다.[4]

버마의 어느 노동자는 “오늘 무슨 일을 했는가 못지않게 어떤 마음으로 했는가가 중요하지요”라고 말했다. 모든 것

은 물결처럼 사라지겠지만 사랑만이 남아서 가슴과 가슴을 타고 흐를 것이라고, 그들은 또 믿는다.[5]

그들의 지혜는 노동에 대한 어떤 가르침보다 쉽고 위대하다. 노동이 인간에게 의미와 보람을 가져다주려면 무엇보다 노동 그 자체로 평화로워야 한다. 노동의 평화란, 일하는 이의 마음에 차이 한 잔의 따뜻한 기운이 돌아 서로 우애하는 감정이 피어날 때 비로소 발동한다.

일터의 영성은 경영학자의 어떤 이론처럼 숫자나 문자로 정의할 수 없다. 어떤 경제학이든 자신의 소유를 더 축적하고자 하는 순간 악마의 학문이 되어 버린다는 사실을 우리는 몸으로 익혀 왔다. 탐욕을 억누르고 더 많은 사람과 나누기 위한 지혜를 좇을 때, 비로소 따뜻한 피가 흐르는 학문이 된다. 때가 되면 어떤 땀은 사라지고, 어떤 땀은 남을 테니 말이다.

그러고 보면 단군이 나라를 세우면서 품은 마음, 곧 더 많은 사람들을 행복하게 하고자 한 '홍익인간弘益人間'의 이상이야말로 위대한 경제학의 처음이 아닐까. 그 옛날 우리 조상들은 우리보다 더 지혜로워서 하늘의 소리에 귀 기울일 수 있었을까?

나는 누군가의 기적이야!

김수우 시인은 서부 아프리카의 한 해안 도시에서 2년 정도 머물렀다. 임신을 하여 심한 입덧으로 고생하던 어느 하루, 느닷없이 생 무가 먹고 싶었던 시인은 남편에게 말했다. 고민하던 남편이 대서양의 한국 원양어선들에게 무전을 넣어 무를 구하기 시작했다. 그날부터 대서양 앞바다는 무를 구하는 무선이 오가느라 분주함을 이뤘는데, 다행스럽게도 한 배에서 대답이 왔다. '무는 없지만 깍두기가 있다!'

인접한 배들끼리 몇 번의 접선을 거친 뒤, 그녀가 살던 사하라 사막의 한 모퉁이의 작은 도시로 깍두기가 전해졌다. 뱃속의 아기는 그렇게 아름다운 사랑을 받으며 세상에 태어났다.

시인은 그 시간을 돌아보며 말한다.

대서양을 오가던 그 목소리들이, 마음속에서 봄풀처럼 돋았다. 가을잎처럼 물들었다, 하는 동안 아이는 의젓하게 자랐다. 아이는 자기를 위해 대서양을 누비던 그 따뜻한 목소리를 알고 있을까? 무선을 주고받던 그 무수한 사람들의 사랑을 알고 있을까? 그들이 누구인지 모른다. 그때나 지금이나 연락 닿은 적이 없다. 그들은 모두 어디에 있을까? 그렇게 하나의 생명이 기적으로 태어나는 데는 보이지 않는 많은 사랑들이 출렁거린다.[6]

그러고 보면 우리는 누구라 할 것도 없이 자신이 살아온 오랜 삶의 뒤안길에서 무수한 사람들의 사랑을 받아 태어난 것이리라. 아무도, 그 사랑 없이 여기까지 온 사람은 없을 것이다. 나를 어떻게 여기든, 나는 그리 소중한 존재이다. 하여 나는 누군가의 기적이다.

어쩌면 이처럼 소중한 우리 모두를 대신하는 단어 하나가 있다면, 그러니까 '나'라는 1인칭 대명사가 3인칭 대명사로 전환된다면, 그것은 '그'이거나 '그녀'가 아니라 '예수'이거나 또 누군가에게는 '부처'이거나, 그렇게 불릴 것이다. 우리 각자는 모두 '하늘'처럼 소중한 존재라는 뜻이다. 감히 나조차 훼손할 수 없는 그런 존재!

모른다, '테루아'를 알기까지는

　포도주의 맛을 결정하는 요소 중 하나가 '테루아Terroir'다. 이는 포도가 성장하는 과정에 영향을 주는 모든 자연환경을 일컫는 말이다. 테루아는 그러나 토양과 기후 조건은 물론 포도를 기르고 포도주를 만드는 사람의 정성까지 모두 포함하는 의미로도 쓴다.

　포도주만 테루아의 영향을 받는 것은 아니다. 넓게는 모든 식재료가 자연환경 곧 테루아의 영향을 받는다. 심지어 생선까지도 테루아의 영향을 받는다. 이때 테루아는 한 지역의 바람과 파도, 빛 등이 그 지역에서 자라는 동식물 안에 흘러드는 것을 의미한다. 각 고장의 독특한 기후와 토양의 성질, 거기에 사람의 손길까지 가미되어 고유한 맛이 빚어진다.

　테루아는 그래서 레시피 이전의 레시피인 셈이다. 그러

니 음식의 진정한 맛을 알고자 하면 음식물에 쓰인 재료의 테루아를 이해해야 하는 것이 기본이다.

가령 캐나다 서북부 지방과 미국 알래스카 주를 흐르는 유콘Yukon 강의 연어는 오메가3 지방산이 풍부하고 살집이 단단해 지상 최고의 맛으로 인정을 받는다. 로완 제이콥슨의 《지상 최고의 맛》[7]은 그 비밀이 바로 테루아에 있다고 한다.

유콘 강은 북미에서도 가장 험난한 지역을 흐르는 강이다. 유콘 강의 연어는 곧 이 강의 험난한 상류를 역류하는데, 이때 살집이 단단해져 최고의 맛을 갖게 된다는 것이다. 이 때문에 유콘 강 연어의 맛을 일러 '앞으로 나아가려는 투지'의 맛이라고도 하고, 험난하여 더욱 활기찬 유콘 강물의 맛이라고도 한다. 유콘 강의 연어가 가진 테루아가 바로 이것이다.

연어 한 조각을 입에 넣고도 알래스카 유콘 강의 급한 물살을 거슬러 오르는 연어의 투지를 떠올리는 미각의 힘이란 테루아를 이해하는 힘이 아니고서는 불가능하다.

테루아라는 단어의 의미를 사람에게로 가져올 수도 있지 싶다. 자연환경도 자연환경이지만 가정과 학교와 사회와 그곳에서 겪은 수많은 문화적인 경험들을 포함하여 지나온 모든 세월이 한 사람의 오늘을 형성하는 테루아일 것 같다.

그래서 한 사람의 오늘을 이해하고자 하면, 그 사람이 살아온 삶의 터전과 그가 자란 시간과 공간과 인문적인 환경과 경험들까지 들여다보려는 깊은 노력이 수반되어야 하는 것이다. 이 테루아의 비밀을 알기 전까지, 우리는 한 사람에 대한 모든 판단을 정지한 채 단지 '모른다'고 말할 뿐이다.

그렇지 않은가. 포도주 한 잔을 마실 때도 테루아를 알고자 노력하는데, 하물며 우주를 품고 있다는 한 영혼에 대해서야 말해 무엇할까.

간음한 여인을 향해 주님이 하신 말씀을 새기고 또 새겨보는 까닭도 그 때문이다.

> 나도 너를 정죄하지 아니하노니 가서 다시는 죄를 범하지 말라(요 8:11).

누구라서 감히 한 사람을 두고 정죄할 수 있을까. 하나님조차 유보한 그 판단을….

모든 것은 '자연'에서 비롯되었다

갈대배를 만드는 방법은 이렇다. 적당히 싱싱한 갈대를 골라서 꼬리 곧 끄트머리를 목에 끼운 뒤 접힌 잎 부분을 다시 두 번 접고, 칼로 양쪽 끝을 셋으로 분할하여 분할된 세 부분 중 가운데를 뺀 두 부분을 엇갈리게 고정하면 갈대배의 선수와 선미가 비로소 완성된다.

수많은 선박이 다양한 형태를 하고 있더라도 그 밑부분만큼은 한 가지일 수밖에 없는데, 모든 배의 밑부분이 갈대배의 라인을 갖는다. 인류가 만든 처음의 배는 이집트에서 갈대로 만든 배였다고 한다. 그러고 보면 모세를 구출한 갈대 상자도 결국 갈대로 만든 배였을 것이다.

우리나라 자동차 디자인 역사를 이끌어 온 박종서 씨는 《자연에서 배우는 디자인 꼴, 좋다》[8]에서 이 갈대배 이야기를 꺼내면서 "나는 몇 십 년 동안 자동차를 디자인했지만, 위대한 자연의 디자인 앞에서는 점점 초라해졌다"고 고백한다. 조그마한 갈대배가 수천 년이 흐른 이 시대 모든 배의 디자인을 명쾌하게 대변한다는 사실 앞에서 자연의 압도적인 지혜를 느낀 모양이다.

박종서 씨는 인류가 발견한 다양하고 위대한 디자인들이 대개 자연에서 비롯되었다고 설명한다. 즉 우리가 '찍찍이'라 부르는 벨크로는 옷에 잘 들어붙는 도깨비풀의 원리를 이용하여 만들었으며, 바람개비나 헬리콥터의 프로펠러 또는 배의 스크루는 봄날에 피는 꽃 마삭줄의 모양을 그대로 흉내 낸 것이고, 굴삭기는 게의 다리에서 힌트를 얻었으며, 동채용 골판의 디자인은 부채꼴처럼 이어져 강한 강도를 자랑하는 팜트리 잎사귀에서 본떴고, 옛 기구 중 디딜방아와 지게와 새총은 아예 나무의 Y자 형태를 그대로 활용한 디자인이다. 그래서 박종서 씨는 풀리지 않는 모든 디자인의 문제에 대해 답은 자연 속에 있다는 사실을 확신한다.

인간은 어쩔 수 없이 자연을 터전으로 삼고, 자연에서 삶의 지혜를 얻으며, 끝내 자연으로 돌아가야 하는 존재가 아니던가. 그러니 겸손하게 자세를 낮추어 인간을 창조하시기 전 미리 펼쳐 놓으신 자연의 세계를 묵상하고 그 비밀에 더욱 귀 기울이고자 한다. 그럼으로써 우리는 그분의 마음에 한 발짝 다가서고 엉킨 문제를 해결할 수 있을 것이다.

이미 있던 것이 후에 다시 있겠고 이미 한 일을 후에 다시 할지라 해 아래에는 새것이 없나니 무엇을 가리켜 이르기를 보라 이것이 새것이라 할 것이 있으랴 우리가 있기 오래 전 세대들에도 이미 있었느니라 이전 세대들이 기억됨이 없으니 장래 세대도 그 후 세대들과 함께 기억됨이 없으리라

(전 1:9~11).

신비 셋

,

그래, 삶은 기적이야

분명 삶은 기적이지만,
함부로 그 기적의 삶을 동경하지 못하는 까닭은
모든 기적이 역설의 다른 말이기 때문일 것이다.
기적을 허락하시는 분의 뜻 안에서만 기적이라는 역설조차 누릴 수 있을 테니….

인생이라는 순례의 길

누군가의 인생을 들여다보는 일이 나의 직업인 셈이었다. 그 일을 오래, 꾸준히, 많이 하고 난 뒤 나는 비로소 '아! 삶이야말로 우주로구나!' 깨달았다. 그것은 마치 성지를 순례하는 것 같은 경외감이었다.

처음에는 신문에 기사로 실을 만한 자극적인 이야기에 마음이 끌렸으나, 나중에는 그런 자극적이고 도드라진 부분들이 차츰 깎여 나갔다. 세월이 더 흐르고 한 사람을 오래 보게 되면, 그제야 이야기들의 속살과 배경이 드러났다.

모든 이야기는 원인과 결과로 구성됐다. 홀로 독립된 이야기란 없었다. 세월 속에 이어지고 사람들 가운데 연결되었다. 그렇게 끊임없이 이어져 오늘이라는 시간에 이르렀다. 그러니 눈에 보이는 모습이란 단지 빙산의 일각에 지나지 않았다.

배경과 속살을 가진 이야기는 푹 곤 국물처럼 진하게 우러나 비로소 본래의 맛이 났다. 그 맛은 마치 오랜 시간 먼 거리를 달려와 내 눈앞에서 반짝이는 별빛 같았다. 그러고 보면 한 사람의 오늘은 그저 신비하기 그지없고, 함부로 해석하려 들거나 평가하려는 오만을 걷어 낼 수밖에 없었다.

정현종의 시 〈방문객〉의 한 대목처럼 한 사람을 이해하는 건 "어마어마한 일"이었다. 그의 "과거와 현재와 그리고 그의 미래"를 바라보아야 하는 일이기에 그렇다. 게다가 그가 살아갈 날들까지 생각하면, 그에게는 또 얼마나 많은 신비로운 시간이 열려 있는가? 그래서다. 어떤 인생에게나 삶은 우주처럼 신비로워서 사람의 지식이나 오감으로는 결코 이해할 수가 없다. 오동나무가 비를 맞고 눈을 맞으며 단단해지고 여물어지듯, 한 사람의 인생도 사랑 실망 절망 가난 외로움 배신 등 온갖 시간들을 지나온다.

한창 자극적인 이야기를 찾아다닐 무렵의 나는 평범하고 밋밋해 보이는 이야기에 마음이 가지 않았다. '굵고 짧게' 아마 그런 말을 곧잘 입에 달고 살았던 것 같다. 그러나 한 사람을 오래 만나면서 자극이란 것이 사라지고, 맛으로 치면 싱거워져 버린 뒤에야 나는 그에 대한 깊고도 다양한 맛을 느낄 수 있었다.

죽음 저편에서   출렁이는   생명

인생이 누리는 생명의 황홀함은 죽음이라는 강을 건너 비로소 피어났다. 죽음의 강은 고단하고도 고통스럽게 건널 수밖에 없다.

1989년 초겨울, 김병종은 대학에서 가르치고, 글을 쓰고, 그림을 그리느라 길을 오가는 시간조차 아까웠다. 서른일곱, 그 푸르고 푸른 세월은 바쁘고도 급하게 굴러갔다.

시간을 아끼느라 허름한 고시원 한 칸을 얻어서 먹고 잤다. 그러다 고시원에서 연탄가스에 취해 쓰러졌다. 누군가 골방 문을 부수고 들어오지 않았더라면 그의 삶은 거기서 풀썩 쓰러지고 말았을 것이다. 죽음의 바람이 젊고 푸른 김병종의 곁을 스치고 지나갔다.

다행히 목숨은 건졌는데 한쪽 다리가 마비됐다. 고통스런 절개수술이 이어졌다. 수술을 마치고 나니 온몸이 땀으

로 축축했다. 고맙게도 절단해야 할 것 같던 다리는 수술
후 말끔해졌다. 김병종에게 그해 겨울은 고통스럽고 두려
웠다. 죽음의 시간이었다.

그해가 지나고 겨울과 봄이 교차하는 2월이 왔다. 죽음
같은 절망의 겨울을 보내고 비로소 맞은 봄이었다. 그 무렵
관악산 마루에 올랐는데, 살아서 내딛는 걸음이란 사실만
으로도 가쁜 호흡이 버겁지 않았다. 거기서 노란 꽃 한 송
이를 만났다. 가늘고 여린 것이 딱딱하고 두텁고 찬 동토를
뚫고 나와 꽃을 피웠다. 그 경이로움에 하마터면 통곡할 뻔
했다.

그리고 보니 천지는 온통 생명으로 출렁였다. 하나님이
그려 낸 창조의 미술관 같았다. 바람 한 점, 풀 한 포기, 나
무 한 그루, 흙 한 줌까지 이미 예전의 것이 아니었다. 그날
관악산에서 본 생명의 노래는 김병종의 몸에 또렷이 새겨
졌으며, 그의 화폭을 수놓은 물감이었다.

그해 첫 봄, 생명의 기미로 가득 찬 생명의 정령들이 내게 반
응하였다. 그 기운이 내 필묵을 잡아당겼다. 필묵이 춤을 추
도록 하였다. 생명의 노래는 인간 이외의 다른 지평을 보게
하였다. 탈중국비서구脫中國非西歐로서 토장국 냄새나는 그림
을 그리고자 하였다. 고구려 벽화의 시원 속에서 조선 문인

화의 정신으로 노는 아침의 아이 '단아'旦兒[1]이고 싶었다."[2]

산무수무인무마무山舞水舞人舞馬舞…. 김병종의 그림은 춤판으로 한창이다. 산과 물과 사람과 말이 어우러졌다. 나누이지 않고 배척하지 않았다. 산은 물처럼 흘렀으며, 물은 산으로 솟았다. 말은 달려서 봉우리가 되었고, 산은 앉은키로 높낮이를 없앴다. 물구나무선 아이는 춤판의 절정이었다. 세상에는 생명 없는 것이 없었다. 상하로 오르내렸고, 좌우로 흔들렸으며, 안과 밖으로 꿈틀거렸다. 세상은 주체할 수 없이 기운을 발산했다.

그것이 곧 김병종이 죽음의 시간을 건너 도달한 생명의 세계였다.

오래 걸어서 도달한 '나의 자리'

　개신교 수녀공동체인 디아코니아자매회의 이영숙 언님을 만났다. '언님'이라는 말은 '언니'라고 할 때의 그 '언'에다 존경의 뜻을 지닌 접미사 '님'을 붙인 표현이다. '언'은 '어질다'는 뜻이다. 어질지 못할 때 우리는 '언짢다'고 한다. 그러니 '언님'은 '어진 이'라는 말이다.

　처음 만나던 날, 키 작고 소녀처럼 해맑은 언님은 여름의 긴 해가 어둑어둑해질 때까지 많은 이야기를 들려주었다.

　언님은 어렸을 때 아버지와 남동생을 결핵으로 잃었다. 이러한 가족 병력 때문에 어떤 병보다 결핵이라는 병을 두려워했다. 그런데 무슨 운명인지 언님에게 디아코니아자매회에서 운영하는 만성결핵환자촌의 책임자 직책이 떨어졌다. 두려운 마음에 얼른 순종할 수 없었다. 왜 아니 그랬을까. 언님의 어머니도 기도하고 언님도 더욱 기도한 끝에 결국 그 일을 맡았다.

환자촌 일이 몸에 익을 무렵, 헝클어진 실처럼 풀리지 않는 숙제 하나가 있어 언님은 찝찝했다. 환자촌의 많은 언님들은 누구랄 것도 없이 환자의 자리에서 돌보고 섬겼으나, 환자들은 어느 순간 마음의 문을 걸어 잠그고 끝내 어느 한 부분만큼은 보여 주지 않았다. 알 수 없는 일이었다. 까닭을 알고 싶어 이야기하면 "언님들은 건강하잖아요. 그러니 언님들은 우리 마음을 몰라요"라고 말할 뿐이었다. 이영숙 언님은 더 가까이 다가갈 수 없는 그 벽에 막혀 답답하고 괴로웠다.

"주님, 환자들이 '우리 마음을 몰라요' 하는데 그게 뭡니까? 나 좀 가르쳐 주세요."

언님은 그 벽을 넘고자 하나님께 매달렸다. 벽이 가로막힌 상태로는 환자들과 함께 살아가는 삶이 겉돌 뿐이었다.

그러던 어느 날 이영숙 언님이 길에서 쓰러져 병원으로 실려 갔다. 의사는 검사를 마친 뒤 안타까운 표정을 지으며 말했다.

"결핵이에요, 언님. 어째요? 결핵균이 전염되었나 봐요."

의사가 잔뜩 수심이 찬 얼굴로 결핵이 전염된 사실을 알려 주었을 때 당사자인 이영숙 언님의 얼굴은 오히려 상기됐다. 생기가 돌았을지도 모르겠다.

언님은 그 순간의 느낌을 이렇게 말했다.

"의사 선생님이 결핵이라고 말해주는데 제 마음에는 '아! 이
제 됐다. 주님이 내 기도를 들어주셨어' 하는 느낌이 오는 거
예요. 그래서 감사해요 수님, 감사해요 주님, 하면서 나도 모
르게 중얼거리고 있더라고요."

병원에서 결핵 진단을 받고 퇴원한 언님은 환자촌으로
돌아와 첫 식사를 하던 순간을 잊지 못했다. 환자 중에 누
군가가 언님의 손을 잡고는 언님들의 식탁이 아닌 다른 식
탁으로 언님을 이끌었다.

"언님, 우리하고 같이 드세요!"

환자들과 언님들의 식탁은 전염을 막기 위해 구분했는
데, 결핵 환자가 되어 버린 이영숙 언님은 그날 처음으로
언님들의 식탁이 아닌 환자들의 식탁에 앉을 수 있었다. 환
자들은 식탁에 놓인 언님의 접시에 그들이 먹을 고기를 집
어서 수북이 얹어 주었다.

"어서 드시고 건강 되찾으세요!"

진심이 어려 있는 그들의 어투에서 전에 느끼지 못한 따
뜻함이 전해졌다. 오랫동안 그들과 매일매일 만나 이야기
하면서도 그런 얼굴을 한 번도 보여 주지 않은 그들이었다.

바로 이 표정을 보려고 그렇게 오래도록 기다려 온 것이구나, 생각하여 또 감사했다. '아 여기가 내 자리였구나! 드디어 내 자리에 온 거야!' 비로소 잠긴 문들이 열리는 듯했다. 알 수 없는 기쁨이 몰려오고 뜨거운 감사가 넘쳐흘렀다. 누군가는 슬픔으로 주눅 들어야 하는 그 순간 언님의 눈에는 기쁨의 눈물이 하염없이 흘렀다.

결핵을 앓던 언님은 어머니와 다른 언님들의 기도 속에서 건강을 되찾았다. 그리고 보니 지나온 걸음걸음 무엇 하나 기적 아닌 것이 없었다.

착한 목자는 한 마리 양을 찾아 길을 떠난다

　이수호 선생은 1974년 동해 바다를 낀 울진에서 중학교 국어교사로 처음 부임했다. 희망, 열정, 성실, 이런 단어들이 어울리던 시절이었다.

　여느 아침처럼 출석 체크를 하는데 평소에 그런 일이 없던 한 학생이 결석을 했다. 전화도 없던 때여서 어찌어찌 수소문을 해보니 부모와 싸운 뒤 집을 나가 버린 뒤였다. 이수호 선생은 고민했다. 교실에 앉아 있는 학생들과 수업하는 일은 물론 중요하다. 그렇지만 가출하여 어디서 어떤 상황에 처해 있을지 모를 이 한 아이는 지금 누구보다 교사인 자신의 도움이 필요할 게 뻔했다.

　'지금은 가출한 학생을 찾아야 할 때다.'

　그렇게 판단한 이수호 선생은 자신의 수업은 다른 교사의 협조를 얻어 대체하거나 어쩔 수 없는 학급은 자습을 시킨 채 자전거를 몰아 읍내로 달려갔다. 학생들이 갈 만한 장소들은 뻔하고, 도시도 좁았다. 시내를 샅샅이 뒤진 끝에 마침내 가출한 학생과 만났을 때는 점심이 가까워 있었다. 빵집에 데려가서 아이의 이야기를 듣고, 함께 요기도 한 뒤 아이를 자전거 뒷자리에 태우고는 다시 학교로 돌아왔다. 돌아오는 길의 자전거에는 두 사람이 탔음에도, 불안한 마음으로 시내를 달릴 때보다 한결 가볍고 빨랐다.

드디어 교문을 들어서 운동장을 달릴 무렵, 가출한 학생을 태우고 돌아온 이수호 선생의 자전거를 향해 학생들이 박수를 치며 환호했다. 하나같이 자기의 일처럼 기뻐했다. 이수호 선생은 오래도록 그날의 기쁨을 잊지 않았다.

자신이 쓴 책에 이 이야기를 기록하면서, 그때 비로소 아흔아홉 마리 양을 버려두고 길 잃은 한 마리 양을 찾아 떠난 목자의 마음을 이해했다고 썼다. 길 잃은 양 한 마리 때문에 아흔아홉 마리 양을 두고 떠나는 게 과연 옳을까, 고민한 적이 있던 그에게 그 일은 충분히 해답이 되었다. 한 마리와 아흔아홉 마리라는 숫자의 크고 작음 때문에, 길 잃은 양 한 마리를 찾아 어깨에 둘러매고 돌아오는 목자의 기쁨과 나머지 아흔아홉 마리 양이 돌아온 모습을 보며 박수치고 환호했을 광경은 간과해 버린 탓이었다. 그러므로 길 잃은 한 마리 양을 찾아 길을 나선 목자의 태도야말로 나머지 아흔아홉 마리 양까지 지키는 길이라고 그는 확신했다.

그가 살아온 세상에서는 아흔아홉 마리 양 반대편에서 언제나 길 잃은 양 한 마리가 떨고 있었다. 길 잃은 양은, 입시 교육의 벌판에서 '문제아'라는 딱지를 달게 된 소외된 아이들이거나, 바른 교육에 앞장서고지 용기를 내었다는 이유로 교문 밖으로 쫓겨난 선생님들의 모습으로 떨고 있었다.

어디 교육 현장에서만 일어나는 문제일까? 생각해 보면 그것은, 다수의 무지에 소외된 소수의 아픔이고, 가진 사람들에게서 이해받지 못하는 가지지 못한 사람들의 억울함이고, 자신이 누리는 편리함을 손해 보고 싶어 하지 않는 소시민들의 크고 작은 탐욕에 떠밀려 나동그라진 또 다른 소시민들의 고민이기도 했다. 그런 모든 상황에서 길 잃은 한 마리 양을 찾아 아흔아홉 마리 양을 잠시 떠나야 하는 목자의 결단은 꼭 필요한 사명이었다.

그렇게 해야 한다고 일러 주신 분은 다름 아닌, 착한 목자로 오셔서 "내가 길이다" 하신 바로 그분이었다.

포기할 수 없어   부활하셔야 했던…

어느 해 초겨울의 썰렁한 예배당에서 서일웅 목사와 만났을 때, 그는 찻물을 올렸다. 차를 좋아하느냐고 여쭙자 "좋아하게 되었어요" 했다. '좋아한다'가 아니라 '좋아하게 되었다'는 의미는 이런저런 생각을 불러일으켰다.

"차를 마시는 일은 장애인들과 함께 사는 일과 다르지 않아요. 둘 다 천천히 기다리고 몸에 여유를 갖는 일이니까요. 전에는 몰랐는데 이런 느림이야말로 생명이 존재하는 방식 같아요. 이미 몸에 장애가 있는 우리 교우들은 생존하기 위해서라도 여유로워야 해요. 무한경쟁? 그런 건 우리와는 전혀 어울리지 않아요. 그래서 우리 교우들에게는 '무한경쟁으로 내달리는 세상에 휩쓸리면 안 돼, 우리는 우리 방식으로 살아야지, 그런 세상을 건설하면 그게 하나님의 나라야' 하고 말해요. 그렇잖아요? 어쩔 수 없어요, 더불어 살려면 빨리 가는 사람들이 느림을 배울 수밖에 없잖아요. 하나님도 그렇게 하셨거든요. 그래서 깨달았죠. 우리가 아무리 느리더라도 하나님은 함께하시니까, 그렇게 우리와 함께 가시는 하나님만 사랑하자, 세상 사람들이 모두가 바쁘고, 성공에 안달하고, 능력을 위주로 사람을 평가하고, 권세를 가지거나 재물을 많이 모으는 것에 혈안이 되더라도, 우리는 그런 세상과는 아무 상관없는 것처럼 살자, 그런 건 우리가 가지려고 해도 가질 수 없는 것들이니까, 그게 하나님이 우리와 함께하시는 임마누엘의 신앙이니까…, 뭐 그런 걸 깨달은 거죠.”

그러면서 자신의 신학은 목회를 하면서 만난 장애인들에게서 배운 것이라고 말했다. 오후의 햇살이 느릿느릿 교회당 창문을 넘어 새어 들었다. 이야기가 무르익을 무렵 오래된 이야기를 꺼냈다.

“척추장애를 가진 자매였는데…, 집에서 나오지도 못하고 갇혀 살았어요. 그런데 이 아이가 어쩌다가 하루는 동네 불량배들에게 성폭행을 당해서 임신을 한 거예요. 척추장애인은 임신을 하면 안 되거든요. 어쩔 수 없이 수술을 했는데 후유증이 심했어요. 2년 동안을 그렇게 고생하다가 결국에는 세상을 떠나고 말았죠.”

그는 잠시 이야기를 끊고는, 뜨거운 차를 후후 불면서 입을 적신 뒤 어금니를 악물었다.

"이거, 우리가 살고 있는 이 사회의 이야기예요. 이 자매가 병원에서 죽음을 앞두고 있을 때 임종 예배를 드려야 했어요. 그런데 저는 기도할 수 없었지요. 여전히 살아 있는 생명을 두고, 의사와 주위 사람들이 포기했다고 해서 나까지 임종을 선언할 수는 없었어요. 그래서 하나님께 물었어요. 이 생명을 어떻게 하실 작정이시냐고, 내가 이해할 수 있도록 말씀해 달라고…. 그 자매는 눈이 참 예쁘고 마음이 맑았어요. 그렇게 고운 아이가 이제 곧 숨이 멎는다고 생각하니 수긍할 수도 없고 수긍해서도 안 될 일이었죠. 가슴이 갈래갈래 찢어지는 듯했어요."

오래된 이야기는 마치 눈앞의 현실처럼 가까이 보이는 듯했다. 그의 눈시울이 붉어져 있었다.

"그런데요, 그때 봤어요! 의사, 혈육, 거기다 목사까지 포기하려고 하는 생명인데, 그 생명을 부여잡고 우리 주님이 애절하게 몸부림치고 있는 거예요. 꺼져 가는 한 생명을 놓지 않고 어쩔 줄 몰라 하시는 거예요. 그걸 보자 충격에 빠졌죠. 그제야 깨달았어요. 아 그렇구나! 저분은 한 번도 생명을 포기한 적이 없구나, 아니 포기할 의사를 가지지도 않았구나, 단지 우리 인간들이 포기하며 살았구나, 그래서 부활할 수밖에 없었구나! 죽어 갈 수밖에 없는 인간의 생명을 위하여 당신이 부활할 수밖에 없었구나! 그렇게 생각의 꼬리가 꼬리를 물고 이어지는 거예요.”

그의 목회는 장애인들에게 무게의 중심을 두었다. 그러면서도 장애인들과 비장애인들을 구분하지 않는 목회를 지향했다. 장애인들에게 이 세상은 노래처럼 달콤하거나 녹록하지 않았으며, 오히려 투박하고 불친절하며 쌀쌀맞았다. 그런 세상에서 장애인들과 함께 살아가기 위해서 그들에게 마땅히 허락되어야 할 권리들을 찾아오는 일은 결코 포기해서는 안 될 생존의 문제였다. 그것은 이미 하나님이 당신의 자녀들을 위해 허락하신 권리들이었으므로 그는 설득하고 꾸짖고, 그래도 안 되면 혼쭐을 내서라도 찾아와야 했다. 치열하게, 몸부림치며 보낸 시간들이 하루의 끄트머리에 이르렀다. 그가 배운 신학이고 삶이었다. 주님의 부활도 그런 몸서리치는 시간들의 연장선이었으므로.

막장의 막장에서 드리는 감사

　부부는 평생 가난했어도 주눅 들지 않았다. 거짓말 같지만, 때로는 가난을 즐겼다. 누추하고 보잘것없는 '가난한 사랑방'으로 주님이 오실 때면 그들의 가난이 오히려 자랑스러웠다. 그리고 남편이 루게릭병이라는 진단을 받은 뒤에는 그 가난했던 시간들이 오히려 돌아갈 수 없는 청춘의 어느 한때처럼 아득했다.

　뇌 이상으로 MRI 검사를 받을 때 부부는 차라리 종양이 발견되기를 기도했다. 루게릭병만 피하면 그래도 다행이라 여겼다. 루게릭병은 근육이 말라 가는 병이다. 음식도 잘 씹지 못하게 되어 몸이 야위어 가고, 거동이 불편해지다가 급기야 말도 어눌해지고, 손과 팔은 물론 얼굴까지 굳어지면서, 끝내 심장의 근육까지 마비되어 생명의 끝에 이르는 병, 그러면서도 정신은 생생하여 몸의 고통을 고스란히 안고 사라져 가야 하는, 잔인하고도 지독한 병이다. 이 병이 무엇보다 절망적인 것은 아직까지 완치된 사례가 단 한 건도 없다는 사실이다.

2010년 추석을 하루 앞둔 날, 남편은 결국 루게릭병이라는 판정을 받았다. 막장의 막장에 이른 셈이었다. 말문이 막혀 먼 산과 하늘만 바라볼 뿐이었다. 부부는 "그래도 추석이니까 감사 제목을 찾아야 했다"고 그때를 회상했다. 아내는 남편에게 위로 반 절망 반의 심정으로 말했다.

"여보. 우린 참 가진 게 없네요. 당신 병은 세계적인 희귀병이고 불치병인데…. 우린 돈도 없고, 이럴 때 편의라도 봐줄 의사 하나도 없네요. 그냥 캄캄하네요."

"다행이지 뭐."

다행이라고 했다. 아내는 잘못 들은 것이라고 생각했다. 뭐가 다행일까? 다 포기할 수 있어서? 더 이상 희망 같은 걸 붙잡지 않아도 되어서? 남편이 말을 이었다.

"돈 싸들고 치료하러 뛰어다니지 않아도 되잖아. 고치지도 못할 의사에게 살려 달라고 떼쓰지 않아도 되잖아. 그러니 감사하잖아. 남은 건 하나님밖에 없으니까."

하나님 아닌 어떤 대상도 의지할 수 없게 되었을 때, 그때가 어이없게도 감사할 때란 사실을 그는 아내에게 가르쳐 주었다. 부부의 길은 명확했다. 하나님이 일하시기를 기대하고 그저 바라볼 뿐이었다. 순종밖에 할 수 없는 아주 특별한 상황으로 이끌어 가시는 주님께 부부는 감사했다.

김정하 목사와 최미희 사모의 이야기를 책으로 엮는 일을 도우면서 나는 내가 알지 못하는 다른 세계에 방문한 듯했다. 어릴 때 읽은 바보 이반의 나라 같기도 하고, 오래오래 전 환인과 환웅이 나오고 곰이 사람이 되는 그 어느 시간 속으로 빠져든 것 같은 착각도 들었다.

최미희 사모가 쓴 일기에는 그런 세계의 목소리들로 가득했다.

나는 다짐한다. 내 앞에 펼쳐지는 고통스런 시간을 값지게 받아들이기로 다짐한다. 그래서 힘에 겨워 자주 쓰러지더라도 포기하지 말아야지, 묵묵히 살아 내야지, 그렇게 살다 보면 이 시간이 다 지나가겠지. 순종이란 이렇게 살아 내는 일이니까. 고난이 클수록 나는 더욱 주님께 의지하며, 주님과 동행할 것이다. 더욱 순종할 것이다. 우리가 이 광야의 길로 들어섰을 때 우리는 이미 과정이 어떠하든 약속의 땅 가나안을 향하는 것임에 틀림없다. 지금 출애굽기를 살지만 우리의 출애굽기가 향할 그다음 이야기를 우리는 잘 알고 있거든.

사람들은 이 부부의 이름만 듣고는 그들이 누구인지 잘

모른다. 〈힐링캠프〉에 차인표 씨와 함께 나온 그분, 차인표 씨가 자신의 멘토라고 소개한 그분, 그렇게 말하면 "아! 구두 닦아서 모은 돈으로 가난한 나라의 어린이들을 돕는다는 그 목사님?" 한다. 그래 바로 그분이다. 아마 그 프로그램에서 차인표 씨가 이렇게 말했을 것이다.

"만약 외국인이 나에게 '한국에는 자랑스러운 성직자가 누가 있습니까?'라고 묻는다면 나는 서슴지 않고 김정하 목사님이 있다고 말하겠습니다. 만약 예수를 모르는 사람이 나에게 '예수님이 가르친 사랑이란 게 대체 무엇입니까?'라고 묻는다면 나는 서슴지 않고 김정하 목사님이 베푸는 사랑이 바로 그 사랑이라고 말하겠습니다."

분명 삶은 기적이지만, 함부로 그 기적의 삶을 동경하지 못하는 까닭은 모든 기적이 역설의 다른 말이기 때문일 것이다. 기적을 허락하시는 분의 뜻 안에서만 기적이라는 역설조차 누릴 수 있을 테니….

야망의 짐을 주님께 맡기다

이미 사법고시 1차 시험에 합격한 선배는 2차 시험을 준비하기 위해 고시원으로 들어갔다. 선배는 시험을 코앞에 둔 어느 금요철야 모임에 깜짝쇼를 하듯 등장했다. 그러고는 깜짝쇼보다 더 깜짝 놀랄 이야기를 우리에게 해주었다.

"주님을 알고 난 뒤 고민 하나가 늘 따라다녔습니다. 나는 왜 사법고시에 목숨을 걸고 있는가? 나는 그 이유를 잘 알고 있었습니다. 가난했던 가정, 어떻게든 남부럽잖게 살아야 한다는 야심, 난 해낼 수 있다는 자신감, 그래서 여기까지 온 것입니다. 그러나 바로 그것이 주님 앞에서 늘 빚진 사람처럼 저를 부끄럽게 했습니다. 때마침 알게 된 게 '보호관찰사'란 제도입니다. 죄를 범한 청소년들이 재범하지 않도록 그들을 돕는 일, 나처럼 어렵게 자란 청소년들에게 꼭 필요한 일이었죠. 처음엔 그저 좋은 일이다, 정도로만 생각했는데 그 생각이 제 마음을 놓지 않았습니다. 그리고 지난 주일, 그러니까 고난주일 예배 때였습니다. 헌금시간이 됐는데, 갑자기 이런 마음이 생기더라고요. 나를 살리기 위해 당신을 내어 주신 하나님께 나는 무엇을 드릴 수 있을까? 그러면서 지갑을 꺼내려고 양복 안주머니에 손을 넣었습니다. 지갑과 함께 손에 잡힌 것은 2차 사법고시 수험표였습니다. 아, 하필 그 순간에 보호관찰사가 떠오른 겁니다. 그리고 저도 모르게 '그래 이거야' 하면서 수험표를 꺼내 헌금 대신 헌금 주머니에 넣어 버렸어요. 제게는 한낱 야망에 불과한 사법관 대신 보호관찰사의 길을 걸어 보기로 작정한 것입니다."

그러면서 선배는 "그날 예배당을 나오면서 올려다본 하늘이 그렇게 아름다운 줄은 정말 예전에는 몰랐습니다"라고 고백했다. 선배는 그해 보호관찰사 시험에 합격했다.

고난주간이 오면 늘 선배가 떠올랐다. 그분의 고난에 응답하는 방식으로서 선배의 선택은 나에게 늘 혜안이 되었다. 우리 사회에는 꼭 필요한 자리마다 선배처럼 그렇게 하나님의 이끌림에 순종하여 아름다운 인생을 살아가는 분들이 있다. 그들은 어떤 상황에 처하든 품위 있고 고상하다. 순종을 통해 이른 세계는 결국 하나님의 통치가 작동하는 그분의 나라이므로, 그들은 모두 그 나라의 국민이므로.

인생의 오후에   날아든 '뜻밖의 초대'

그는 소위 '명의'라는 리스트에 이름이 오른 사람이다. 서울대병원에서 제자를 가르치고 환자를 돌보면서 그리스도인으로 공공의 책임에도 게으르지 않았다. 기독 의사들의 모임을 이끌고 생명의 가치를 존중하는 일에도 늘 앞서 이름을 올렸다. 그는 훌륭한 신앙을 가진 부모로부터 신앙을 물려받았고, 그의 형제들은 누구랄 것도 없이 자기 분야에서 인정을 받고 존경을 받는다. 밖에서 보기에 그는 무엇 하나 그늘이 없어 보였다.

그러던 어느 해 설날에, 명절을 쇠러 그의 형제들이 한자리에 모였을 때, 그 자리에 방문할 일이 있어 찾았다가 그의 아내가 뇌종양 수술을 받고 투병 중인 것을 알았다. 아내는 그 후 병세가 악화되었고, 병원에서 15년을 누워 있다가 하나님께로 돌아갔다.

그 후 그가 쓴 일기 중 몇 곳을 제공받았는데 거기에는 하나님이 세밀하게 개입해 온 메모들로 꽉 차 있었다. 병이 생긴 지 얼마 지나지 않았을 때 쓴 일기다.

수술 후 방사선 치료가 이어졌다. 3주째 들면서 아내는 몹시 힘들어했다. 말수는 줄고 먹기조차 힘들어했다. 다시 스테로이드를 투여하면 조금 회복됐다. 4주째는 입안이 완전히 헐어 약을 삼키기도 어려웠다. 약물 부작용인 듯해 피부과 윤 선생에게 자문을 구하고 이비인후과 김 선생에게 보여 줬다. 방사선 치료를 일시적으로 중단해야 할 것인지, 아니면 아주 그만둘 것인지 결정해야 할 것 같다. 아침에 아내와 나눈 말씀이 떠오른다. 참새 두 마리가 한 앗사리온에 팔리지만 하나님께서 허락지 않으시면 한 마리도 땅에 떨어지지 않는다는 말씀이었다. 뇌종양 수술을 받고 방사선 치료 중인 아내, 그럼에도 감사의 항목들이 떠올랐다. 이렇게 적어 보았다. 치료를 받고 있어 감사. 세상에는 치료받지 못하는 수많은 환자들이 있다. 아내의 절대적인 존재를 발견하게 되어 감사. 아내는 우연히 만난 존재가 아니라 섭리 안에서 만나 하나밖에 없는 절대적인 존재이며, 지금 그 사람이 병중에 있다. 치료 기간 중 아내에게 사랑을 표현할 수 있어 감사. 너무 갑작스런 사고나 병으로 그런 시간조차 갖지 못하고 보내는 가족들이 얼마나 많은가. 아내는 행복한 여자였음에 감사. 사진첩에서 본 아내의 지난날은 늘 행복해 보였다. 평생을 불행하게 보낸 여자들이 또 얼마나 많은가. 병든 다른 이들을 보다 깊이 이해할 수 있어 감사. 기독 의사임에도 어쩌면 과거 환자와 보호자의 심정을 이처럼 깊이 이해할 수는 없었던 게 사실이다. 비로소 의사가 된 것인지 모른다…. 쓰다 보니 감사의 제목이 끝이 없다. 이 또한 감사한 일이 아닐 수 없다.[3]

지금은 가천길병원에서 영상의학과를 맡고 있는 박재형 선생이다. 아내가 병으로 거동이 힘들어진 뒤로 그의 가족과 형제들의 가족은 설 연휴를 이용해 해마다 해외에서 의료선교를 하기 시작했다. 의사인 동생과 아들, 목사인 형과 동생 등이 함께 참여했고, 시간이 지나면서 교회의 청년들, 의과대 학생들, 병원의 동료들도 참여했다. 개안수술을 하고, 병원이 없는 지역들을 순회하고 진료하며, 아내의 보험금으로 교회도 세웠다.

그는 또 늦깎이로 사회복지학을 공부하고, 말기 환자들을 위한 호스피스 활동에 뜻을 두었다. 같은 일을 하더라도 이제는 깊고 따뜻하게 다가간다. 이렇게 된 계기는 모두 아내 덕분이라고 했다. 그는 이런 말도 했다.

“백지를 펴고 장고를 거듭하며 여기저기 점을 찍다 보면 어느새 의도하지 않은 그림이 될 때가 있지요. 그런데 저는 생각 없이 점을 찍어 왔는데 그 점들이 연결되어 제가 생각해도 아름다운 그림이 되었어요.”

의도하지 않은 아름다운 결론! 그의 말이 의도하는 지점은 뚜렷했고, 그 말은 오래 남았다.

하나님 발길에 차이면 별 수 없어

이해동 목사의 회고록 집필을 도우면서 나는 우리 현대사의 고단한 신음소리를 들었다. 무엇보다 그 시간 속을 배회하시던 주님을 보았다. 당신의 싸움은 길고 힘겨웠으나 끝내 승리하시리라는 약속을 지켜 내셨다.

이해동 목사는 1976년 3월 3일 새벽에 체포되어 조사를 받은 뒤 3월 10일 독방에 수감되었다. 그해 삼일절에 나온 '민주구국선언'을 도모한 혐의였다. 그가 던져진 독방은 차고 고독했다. 나흘 뒤 성경 한 권이 그의 손에 쥐어졌을 때 그는 "오, 주여! 오, 주여!"를 연발하며 기뻐했다. 성경을 펼쳐 보고, 쓰다듬어 보고, 볼에다 문지르고, 가슴에 꼭 안아 보면서 즐거움에 울었다. 열 달 동안 내리 다섯 번을 통독했고, 매일 예배를 드렸다.

아침식사가 끝나면 낮 예배를 드리는데, 이때는 신약과

시편을 읽었다. 예배 후 점심 전까지 오전에는 구약을 읽고, 저녁식사 후에는 다시 예배를 드리면서 신약과 시편을 읽었다. 그는 감옥 밖에서 설교를 준비하며 읽던 성서와는 현격하게 다른 감동을 느꼈는데, "주의 말씀의 맛이 내게 어찌 그리 단지요. 내 입에 꿀보다 너 다나이다^{시 119:103}" 하고 노래하던 히브리 시인의 심정과 꼭 같았다고 고백했다.

그중 큰 깨달음을 얻은 이야기를 옥중 회고록에 썼다.

어느 날 마태복음 8장 19~22절을 읽었다. 한 율법학자가 와서 "선생님, 저는 선생님께서 가시는 곳이면 어디든지 따라가겠습니다" 하고 말하자, 예수님이 "여우도 굴이 있고 하늘의 새도 보금자리가 있지만 사람의 아들은 머리 둘 곳조차 없다"고 말씀하셨고, 제자 중 한 사람이 와서 "주님, 먼저 집에 가서 아버지 장례를 치르게 해주십시오" 하고 청하자 "죽은 자들의 장례는 죽은 자들에게 맡겨 두고 너는 나를 따라라" 하신 장면이다.

이해동 목사는 이날의 깨달음을 다음과 같이 기록했다.

감옥에 오기 전에 나는 이 구절을 이해하지 못하였다. 아버지가 돌아가셨으면 장례를 치르는 일은 자식으로서는 마땅한 일이 아니겠는가, 또 먼 길 가려면 가족들과 작별 인사를 하는 것 역시 당연하지 않겠는가, 여겼다. 그런데 감옥에서 이 구절을 읽다가 나는 무릎을 탁 쳤다. 아! 이거였구나! 예수께서 내게 직접 이렇게 말씀하시는 듯했다. '너는 내가 어떤 사람인지 아느냐? 나는 이런 사람이다. 머리 둘 곳조차 없는 사람이다. 그래도 나를 따를 것이냐?' 그렇지, 예수를 바로 알면, 예수의 십자가의 길을 안다면 스스로 자진해서 따를 사람이 얼마나 있겠는가? 반면 예수의 손에 붙잡히면 빠져나갈 구멍도 없구나. 예수를 따르는 삶은 일상적으로 사람의 당연한 요구조차 허락되지 않는 삶인 것을, 반면 그분의 손에 붙잡히면 피할 길조차 없는 것을…. 나는 감옥에서 비로소 터득했다. 나는 감옥이 싫었다. 그런데 감옥에 던져졌다. 진정 믿음으로 사는 삶은 자신의 의도나 욕심대로 살 수 있는 삶이 아님을 감옥에 갇히고 나서 나는 마침내 깨닫게 되었다. '하나님 발길에 차이면 별 수 없어' 하셨던 함석헌 선생님의 말씀이 곧 그 뜻이었다.[4]

믿음으로 사는 삶이란 결코 내 의도와 욕심으로 살 수 있는 삶이 아니다. 그저 그분 손에 붙잡혀 한 걸음 한 걸음 나아갈 뿐이다. 하나님의 일꾼으로 살아간 사람들을 보면 그렇게 소중할 수가 없다. 하나님이 짓고자 하시는 '아름다운 나라'의 서돌로 그들은 부름받은 셈이었다.

이해동 목사는 그렇게 하나님의 손에 잡혀 지나온 시간

들을 돌아보며 감사했다. "보잘것없는 인생을 하나님께서 귀하게 써주셨다"고 고백했다.

이해동 목사의 두 번째 감옥살이는 1980년 5월 17일 밤부터 시작됐는데, 이른바 '김대중내란음모사건'에 연루되어 광주학살이 일어나기 전날 밤 중앙정보부 지하 고문실로 연행되었다. 그리고 두 달에서 하루가 모자라는 59일 동안 그는 그야말로 지옥을 경험했다. 그 기간 동안 그는 외부와 완전히 차단된 채 고문에 시달렸다.

> 사나흘씩 잠을 못 잔 적이 여러 번이었고, 여러 차례 발가벗겨서 온갖 수모를 당하였으며, 어찌나 많이 맞았던지 앉는 것은 물론이고 누울 수조차 없어서 사흘간 엎드려 지낸 경우도 있었다. 온몸은 피멍이 들어 목불인견이었는데 그 피멍을 빼느라 날고기를 포 떠서 멍이 심한 상처부위에 붙이고 엎드려 있었는데, 무엇보다 고기가 썩는 냄새는 정말이지 참기 힘든 악취였다.[5]

그런 밤낮을 보낸 끝에 결국 수사관이 불러 주는 대로 허위 진술서를 써주고 말았다. 연행된 모든 사람이 내란을 음모한 것으로 죄가 꾸며졌다. 수사관이 불러 주는 대로 쓰다가 하도 터무니없어 못 쓰겠다고 말하면 고문이 또 이어졌다. 차라리 죽으면 죽었지 "이것만은 쓸 수 없다"고 버티면 "그러면 어디 죽어 봐라"며 모질게 고문을 해댔다. 그런 과정이 수없이 반복되었고, 그는 결국 '죽지 못하고' 이미 짜인 각본에 따라 일점일획도 어김없이 그들이 불러 주는 대로 모조리 써주었다.

이 일로 그는 평생을 두고 깊은 자괴감에 갇혀 살아야만 했다. 구치소로 넘어온 뒤 첫 가족 면회가 허락되었을 때 그는 아내에게 "이제는 더 이상 설교를 할 자격이 내게는 없다"며 사직서를 제출하기도 했다. 그는 이렇게 회고했다.

> 나는 목사로서 매주일 교회의 강단에서 설교했다. 무엇보다 예수께서 말씀하신 대로 언제 어디서나 '예' 할 것은 '예' 하고 '아니오' 할 것은 '아니오' 하라고 설교했다. 그런데 정작 나 자신은 그 '예'와 '아니오'를 전혀 분명히 하지 못했으니 무슨 염치로 설교할 수 있단 말인가.[6]

이해동 목사는 그해 잔인한 5월의 이야기를 하면서 "매 앞에 장사 없다는 말은 진리이다"라고 덧붙였다. 35년이 지난 지금까지 그때의 기억은 치가 떨리는 트라우마로 남았다. 그러나 트라우마로 남은 기억을 통해 그는 증언했다. 매로써 총으로써 죽일 수 있는 하나님은 하나님이 아니라고….

고통, 인생이 주는 아름다운 선물

내 안에는 한때 무모하기 짝이 없는 주인이 살았다. 그놈은
전쟁을 일으켜서라도 혁명을 성공해야 한다고 믿었다. 자신의
신념을 누군가에게 강요하면서도 스스로 의롭다 여겼다.
뜨겁지 않으면 차야 한다고 말했고, 희거나 검어야 한다고
믿었다. 폭력적인 나의 주인은 세월 속에 늙어 갔다. 그놈의
지배가 느슨해지자, 나의 지난 시간들이 유치하고 부끄러워
낯을 들 수 없었다. 나는 지나온 시간들을 부정하기 시작했다.
잘못 만난 주인을 탓했고, 옛 주인을 잔인하게 저주했다.
이제 늙어서 힘없는 나의 옛 주인은 헛간의 낡은 도구들처럼
녹슬어 갔다. 그 무렵 새로운 주인을 맞이하느라 분주했다.
새 주인과 또 오랜 시간을 보냈다. 그리고 또 새 주인의 임기가
다해 갈 무렵, 나는 주인이 교체되는 가운데 휩쓸려 떠내려가
버린 일기장 한 권이 떠올랐다. 거기 기록되었을 내 진심의
이야기들은 어느 어두운 동굴이나 찬 비바람을 맞은 채
처박혀 있을 것이었다. 그 마음 한 조각이 비로소 가여워졌다.
순수하고도 여린 그 진심만큼은 세월이 지나도 늙지 않고
남아 있을 것이라 생각하니, 동기와 분리되지 않은 결과들이
안타까웠다.

:

나는 그를 하나님의 이름으로 심판하였으나 나의 심판은
하나님의 이름을 남용하여 잔인하게 한 사람을 살해한
악마의 행위에 지나지 않았다. 나는 내가 그를 심판한 것과
같은 방식으로 심판받고 나서야 그 사실을 깨달았다.
차갑고 외로운 바닥에 내동댕이쳐져 있을 때 주님이 말씀해
주셨다. 사람이란 모름지기 형제를 심판할 권리가 없다는
사실을… 누구도 억울하게 하지 않기 위해 심판하는 분이
계셔야 하는 까닭도 알려 주셨고, 그분이야말로 내 안에 있는
단 한 톨의 진심만으로도 그것을 씨앗 삼아 아흔아홉 가지의
죄악을 덮고자 하신다는 사실도 깨달았다. 정말이지 나는

그분이 아니고서는 구원받을 희망이라고는 전혀 없는, 백해무익한
인생이었다.

:

주일 아침, 예배가 시작되기 30분 전쯤 예배당에 도착한 아내는
늘 그러하듯 끙끙 앓으며 기도한다. 다른 사람이 보면 '얼마나
절박하기에 저리 슬피 기도할까?' 생각할 만큼 아내의 기도는
보는 사람의 마음을 아리게 한다. 그런 사람의 남편인 나는 무참한
죄인의 심정으로 고개 숙일 수밖에 없다. 얼마나 볼품없이 살아온
인생이기에 제 가까이의 사람이 저리 울어야 할까. 아내의 기도는
마치, 잘못 만난 동반자로 말미암아 겪지 않아도 될 험한 시간을
겪으며 지나온 시간의 가치를 하나님 앞에서 증명하고 싶은 듯
절절하다. 나는 어느새 예수님이 흘린 보혈이 아니면 결코 구원받을
수 없는 한 마리 양이 된다.

:

"산에 오르면서 얻는 교훈이 무엇이냐?"고 묻는 DJ에게 산 사람은
이런 대답을 했다. "교훈이요? 사람들은 산에 오르면 뭔가 대단한
인생의 교훈을 배울 것이라고 생각하죠. 그런데 그런 거 없어요. 산에
오르면서 죽음과 맞닥뜨리는 극한의 고통에 빠질 때마다 오직 살고
싶어 하는 자기 자신의 욕망과 만나요. 다른 사람은 전혀 모르는
나, 가면을 벗은 나의 민낯을 만나요." 영화 〈히말라야〉에서 흐르는
대사다. 그는 히말라야의 험준한 시간 속으로 들어서는 까닭을,
자기 자신의 민낯과 만나기 위해서라고 말했다. 우리는 많은
사람이 죽을 때까지도 만나지 못하는 민낯을 만나 비로소 성숙에
이르는 것 같다. 동료를 구하기 위해 목숨을 건 등반에 나선 어느
산 사람의 마음은 아마도 그런 고통스러운 등반들이 가져다준
선물이 아니었을까. 하여 "산쟁이는 산을 정복한다는 말을 쓰지
않는다. 산이 허락해 주면 잠시 머물다 내려오는 것이다"라고
말하게 되는 것이리라. 인생도 그럴 게다. 올랐다가 내려오게 될

산을 굳이 오르는 사람들처럼, 죽음에 이르는 삶을 살아가는
까닭도 어쩌면 인생의 험준한 고비마다 그것이 보여 줄 나의
민낯을 발견하고, 그러면서 나를 좀더 겸손하게 성숙시키기
위해서인지 모른다. 그러고 보면 인생이 처한 가장 고통스런
순간이야말로 인생이 주는 가장 아름다운 선물이 아닐까.
그 '민낯의 시간'에, 오직 내 욕망만이 괴물처럼 살아 있는
시간에, 목숨을 건 구조 등반을 결행할 수 있도록 나를
아름답게 빚어 가기 위해서 말이다.

2016년 5월

• 슬픔 하나 _ 아! 아버지

1) 룽잉타이,《눈으로 하는 작별》, 사피엔스, 2010년, 333~334쪽
2) 중국 진나라 때 이밀이란 사람이 지은 글로 무제가 자신을 관리로 임명하자, 자신이 아니면 나이 아흔인 할머니를 봉양할 사람이 없어 벼슬에 나갈 수 없다는 사연을 적어 올린 글
3) 중국 삼국시대, 촉나라 재상 제갈량이 유선에게 적어 올린 글
4) 영화 〈국제시장〉, 2014년, 한국, 윤제균 감독, 황정민 주연
5) 노래 〈아주까리 등불〉 조명암 작사, 이봉룡 작곡, 최병호 노래, 1941년
6) 한승오,《삼킨 꿈》, 도서출판 강, 2012년, 73쪽
7) 이중섭,《이중섭 편지와 그림들》, 다빈치, 2013년, 128쪽
8) 영화 〈흐르는 강물처럼〉A River Runs Through It, 1992년, 미국, 로버트 레드포드 감독, 크레이그 셰퍼 · 브래드 피트 · 톰 스커릿 주연

• 슬픔 둘 _ 사랑 없이 진실 없다

1) 베르나르 베르베르 지음, 이세욱 · 임호경 옮김,《베르나르 베르베르의 상상력 사전》, 열린책들, 2011년, 95쪽
2) 이해동 · 이종옥,《둘이 걸은 한 길》, 대한기독교서회, 365쪽
3) SBS 드라마, 〈피노키오〉, 20부작, 2014년, 조수원 · 신승우 연출, 박혜련 극본, 이종석 · 박신혜 주연
4) 텐도 아라타 지음, 권남희 옮김,《애도하는 사람》, 문학동네, 2010년
5) SBS 드라마, 〈엔젤 아이즈〉, 20부작, 2014년, 최문석 연출, 윤지련 극본, 구혜선 · 이상윤 주연

• 슬픔 셋 _ 허송세월은 없다

1) 영화 〈어나더 어스〉Another Earth, 2011년, 미국, 마이크 차힐 감독, 윌리엄 매포더 · 브리트 말링 주연
2) 로버트 롤런드 스미스,《이토록 철학적인 순간》, 웅진지식하우스, 2014년, 188, 189쪽
3) 영화 〈남동생〉おとうと Younger Brother, 2009년, 일본, 야마다 요지 감독, 요시

나가 사유리 · 쇼후쿠테이 츠루베 주연

4) 영화 〈노킹 온 헤븐스 도어〉Knockin' On Heaven's Door, 1997년, 토마스 얀 감
   독, 얀 요제프 리퍼스 · 틸 슈바이거 주연
5) 영화 〈상의원〉, 2014년, 한국, 이원석 감독, 한석규 · 고수 · 박신혜 · 유연석 주연
6) 영화 〈가비〉, 2012년, 한국, 장윤현 감독, 주진모 · 김소연 주연
7) 영화 〈관상〉, 2013년, 한국, 한재림 감독, 송강호 · 이정재 주연

2부 | 간절한 소망

• 소망 하나 _ 평화, 오래되어 낡아 버린 갈망

1) 미하엘 유르크스, 《크리스마스 휴전, 큰 전쟁을 멈춘 작은 평화》, 예지, 2005년
2) 야누쉬 코르착, 《홀로 하나님과 함께》, 내일을여는책, 2001년, 119~121쪽
3) 강무홍 · 최혜영, 《천사들의 행진》, 양철북, 2010년
4) 〈반딧불이의 묘〉火垂るの墓, Grave of the Fireflies, 1988년, 일본, 다카하타 이
   사오 감독
5) 박노해, 《다른 길》, 느린걸음, 116~117쪽

• 소망 둘 _ 그리움, 영혼에 스미는 마음

1) 영화 〈벚꽃, 다시 한 번 카나코〉桜、ふたたびの加奈子 Orpheus' Lyre, 2013년, 일
   본, 쿠리무라 미노루 감독, 히로스에 료코 · 이나가키 고로 주연
2) MBC 드라마, 〈허준〉 64부작, 1999~2000년, 이병훈 연출, 최완규 · 김이영 극본,
   전광렬 · 황수정 주연
3) SBS 드라마, 〈소금인형〉, 20부작, 2007년, 박언희 극본, 박경렬 연출, 황수정 · 김
   영호 주연
4) 《삼국사기》 열전이 전하는 이 두 편의 사랑 이야기는 호동 또는 도미라는 사내
   들의 이름 뒤에 숨은 무명의 여인들 이야기다. 도미설화는 최인호의 소설 《몽유
   도원도》 내용을 인용했다.
5) 노래 〈검은 돛배〉, Barco Negro, 포르투갈 민속음악인 파두의 대표적인 곡
6) 영화 〈그때는 그에게 안부 전해 줘〉そのときは彼によろしく, Say Hello for Me,
   2007년, 일본, 히라카와 유이치로 감독, 나가사와 마사미 · 야마다 타카유키 주연
7) 김랑, 《크로아티아 블루》, 나무수, 2009년

8) 영화 〈군청, 사랑이 물든 바다의 색〉群靑　愛が沈んだ海の色, Gunjou, 2009년,
　　일본, 나카가와 요스케 감독, 나가사와 마사미 주연

• 소망 셋 _ 큰사랑의 꿈 '아름다운 집'

1) 김형태,《지상에서 가장 짧은 영원한 만남》, 한겨레출판사 펴냄, 2014년, 319쪽
2) 한상봉,《그대 아직 갈망하는가》, 이파르 펴냄, 269~271쪽
3) 빅토르 위고,《레미제라블》, 동서문화사, 2002년
4) SBS 드라마, 〈뿌리 깊은 나무〉, 24부작, 2011년, 장태유 연출, 김영현 극본, 한석
　　규 · 장혁 · 신세경 주연

3부| 알 수 없는 신비

• 신비 하나 _ 신비, 하나님의 개입을 위한 여백

1) 영화 〈해피해피 브레드〉しあわせのパン, 일본, 2011년, 미시마 유키코 감독, 하
　　라다 토모요 · 오오이즈미 요 주연
2) 헨리 나우웬,《나이 든다는 것》, 포이에마, 2014년, 14쪽
3) 영화 〈와일드〉, 미국, 2006년, 장 마크 발레 감독, 리즈 위더스푼 주연
4) 셰릴 스트레이드,《와일드》, 나무의철학, 150쪽
5) 위의 책, 150쪽
6) 영화 〈인터스텔라〉Interstellar, 2014년, 미국, 크리스토퍼 놀란 감독, 매튜 매커너
　　히 · 앤 해서웨이 주연
7) 슈테판 클라인,《우리는 모두 별이 남긴 먼지입니다》, 청어람미디어, 2014년, 71쪽
8) 영화 〈우드잡〉神去なあなあ日常, Wood Job, 2014년, 일본, 야구치 시노부 감독,
　　소메타니 쇼타 · 나가사와 마사미 주연
9) 소프트유니온 엮음,《건축만담》, 디자인하우스, 2014년, 273쪽
10) 안도 다다오,《나, 건축가 안도 다다오》, 안그라픽스, 2009년, 409쪽
11) 나희덕,《반통의 물》, 창작과비평, 1999년, 67쪽
12) 장돈식 지음,《빈산엔 노랑꽃》, 학고재, 2001년, 134쪽

- 신비 둘 _ 그분이 머무르는 '오래된 지혜'

1) 박영봉, 《요리의 길을 묻다 '로산진'》, 진명출판사, 2010년
2) 영화 〈카모메 식당〉, 2006년, 일본, 오기가미 노오코 감독, 코바야시 사토미 · 카타기리 하이리 주연
3) 조에타 핸드릭 슐라박, 《나눔의 밥상》, 한얼미디어, 2006년
4) 박노해, 《다른 길》, 느린걸음, 282~283쪽
5) 같은 책, 223쪽
6) 김수우, 《당신은 나의 기적입니다》, 전망, 2013년
7) 로완 제이콥슨, 《지상 최고의 맛》, 청림, 2012년
8) 박종서, 《자연에서 배우는 디자인 꼴, 좋다》, 디자인하우스, 2010년

- 신비 셋 _ 그래, 삶은 기적이야
1) 이것은 김병종의 호이기도 하다. 그는 아침의 아이처럼 항상 싱싱하게 살고 싶다고 하였다.
2) 김병종, 작가노트에서
3) 박재형 선생이 쓴 1997년 10월 30일의 일기 전문
4) 이해동 · 이종옥, 《둘이 걸은 한 길》, 대한기독교서회, 2014년, 146~147쪽
5) 위의 책, 192쪽
6) 위의 책, 193쪽

그래, 삶은 기적이야

Yes, Life is Miracle

2016. 5. 4. 초판 1쇄 인쇄
2016. 5. 13. 초판 1쇄 발행

지은이 박명철
펴낸이 정애주
국효숙 김기민 김의연 김준표 김진원 박세정 박혜민
송승호 오민택 오형탁 윤진숙 이한별 임승철 임진아
정성혜 조주영 차길환 한미영 허은
펴낸곳 주식회사 홍성사
등록번호 제1-499호 1977. 8. 1.
주소 (04084) 서울시 마포구 양화진4길 3
전화 02) 333-5161
팩스 02) 333-5165
홈페이지 www.hsbooks.com
이메일 hsbooks@hsbooks.com
페이스북 facebook.com/hongsungsa
양화진책방 02) 333-5163

ⓒ 박명철, 2016

• 잘못된 책은 바꿔 드립니다.
• 책값은 뒤표지에 있습니다.
• 이 도서의 국립중앙도서관 출판예정도서목록(CIP)은
  서지정보유통지원시스템 홈페이지(http://seoji.nl.go.kr)와
  국가자료공동목록시스템(http://www.nl.go.kr/kolisnet)에서
  이용하실 수 있습니다.(CIP제어번호: CIP2016011057)

ISBN 978-89-365-1156-2 (03230)